Réussir son entrée en grammaire au CE1

AURÉLIE BELLANGER • FRANÇOISE BELLANGER

CE1

W0226304

RETZ
www.editions-retz.com
9 bis, rue Abel Hovelacque
75013 Paris

ISBN : 978-2-7256-2799-1
© Retz, 2008

Direction éditoriale : Sylvie Cuchin
Édition : Charlotte Aussedat
Illustrations : Sophie Rohrbach
Mise en page : Laser Graphie
Corrections : Gérard Tassi, Sarah Zylberberg

N° de projet : 10166960 - Dépôt légal : juillet 2009 - N° d'impression : 912133
Achevé d'imprimer en France en janvier 2010 sur les presses de la Nouvelle Imprimerie Laballery

Sommaire

Introduction

27 séquences

Contenu du CD-Rom

28 annexes (colliers-figurines, textes, étiquettes, tableaux à compléter)

27 fiches élèves

Progression des séquences

1. La phrase	Définir la notion de phrase (suite de mots cohérente). Reconnaître la majuscule au début et le point à la fin.
2. Les types de phrases	Distinguer phrases exclamatives et interrogatives. Connaître les points (. / ! / ?).
3. Le verbe	Distinguer verbe conjugué et verbe à l'infinitif. Connaître la fonction du verbe (exprime une action).
4. La phrase négative : une technique pour reconnaître le verbe conjugué	Identifier le verbe conjugué. Connaître les petits mots *ne* (ou *n'*) et *pas*.
5. Les temps : présent, passé, futur	Identifier le verbe conjugué. Définir les notions de présent, passé, futur.
6. Découvrir le sujet du verbe	Connaître le rôle du sujet. Identifier le sujet. *(Qui est-ce qui ?)*
7. Manipuler le groupe sujet	Savoir effectuer des commutations au groupe sujet (remplacement, réduction ou agrandissement).
8. Le nom	Connaître le rôle du nom. Distinguer nom propre et nom commun.
9. Le déterminant	Savoir le rôle du déterminant. Reconnaître les déterminants (ou articles) : *le / la / les / un / une / des / ma / ta / sa / mon / ton / son / notre / votre / leur / ce / cette / ces.* Connaître les articles élidés et contractés : *l' / du / au.*
10. Le genre du nom : *féminin* ou *masculin*	Distinguer féminin et masculin. Savoir que l'on ajoute souvent *e* au féminin d'un nom.
11. Le singulier et le pluriel du nom	Distinguer singulier et pluriel. Savoir que l'on ajoute souvent *s* au pluriel d'un nom.
12. Les pronoms personnels sujets	Procéder à une réduction du groupe sujet. Connaître les pronoms personnels et comprendre leur rôle : *je / tu / il / nous / vous / ils...* Savoir qui ils désignent (qui parle dans un texte).
13. Accords sujet/verbe	Comprendre que le sujet « commande » le verbe. Savoir que certains changements de la forme verbale s'entendent et d'autres ne s'entendent pas mais s'écrivent.

14. Conjuguer les verbes en *-er* au présent	Connaître le terme « conjugaison ». Savoir conjuguer *chanter* au présent.
15. Conjuguer les verbes *être* et *avoir* au présent	Comprendre que ces verbes n'indiquent pas des actions. Connaître leur conjugaison au présent.
16. L'adjectif qualificatif	Connaître le rôle et les caractéristiques de l'adjectif.
17. L'accord dans le groupe du nom	Connaître la chaîne d'accord : article + nom + adjectif qualificatif. Savoir les accorder en genre et en nombre.
18. Conjuguer le verbe *aller* au présent	Connaître la conjugaison du verbe *aller* au présent.
19. Conjuguer le verbe *venir* au présent	Connaître la conjugaison du verbe *venir* au présent.
20. Conjuguer les verbes *faire* et dire au présent	Connaître la conjugaison des verbes *faire* et *dire* au présent.
21. Conjuguer les verbes en *-er* au passé composé	Connaître la construction du passé composé : *avoir* ou *être* au présent + participe passé du verbe. Savoir conjuguer *chanter* et *tomber* au passé composé. Repérer rapidement l'accord du participe passé avec le sujet dans le cas de l'auxiliaire *être*.
22. Approche de la notion d'adverbe	Connaître le rôle d'un adverbe. Savoir qu'il se place souvent à côté du verbe.
23. Les verbes *être* et *avoir* au passé composé	Connaître les constructions : *avoir* + *eu* ; *avoir* + *été*. Savoir conjuguer ces verbes au passé composé.
24. Les verbes en *-er* à l'imparfait	Connaître la construction des verbes en *-er* à l'imparfait : infinitif du verbe + terminaison. Savoir conjuguer *jouer* à l'imparfait.
25. Les verbes *être* et *avoir* à l'imparfait	Savoir conjuguer *être* et *avoir* à l'imparfait.
26. Les verbes en *-er* au futur	Comprendre la notion de futur. Connaître la construction des verbes en *-er* au futur : infinitif du verbe + terminaison. Savoir conjuguer *jouer* au futur.
27. Les verbes *être* et *avoir* au futur	Savoir conjuguer *être* et *avoir* au futur.

Introduction

Démarche générale

Ce guide pratique, conforme aux programmes 2008, propose une **démarche pédagogique** active pour un premier apprentissage structuré de la grammaire.
Chaque notion est traitée en **quatre séances**, qui répondent chacune à des objectifs généraux :

Construction des savoirs
Séance 1 : Découverte, imprégnation du concept par la mise en scène des élèves.
Séance 2 : Recherche active de la règle par la manipulation, la formalisation des savoirs et l'élaboration d'un mémo.

Systématisation et réinvestissement
Séance 3 : Entraînement et mémorisation.
Séance 4 : Entraînement, transfert et réinvestissement dans un court projet d'écriture.

• Séance 1 : Découverte de la notion (texte et mise en scène)

La première séance commence toujours par la lecture d'un petit texte d'où sont extraites quelques phrases simples qui, conformément aux nouvelles Instructions, font l'objet d'une première étude de la grammaire. Dans un premier temps, l'enseignant s'assure de la compréhension globale du texte en posant quelques questions.
Dans un second temps, pour faciliter l'appropriation de concepts abstraits, l'enseignant propose une mise en scène : chaque enfant « joue » alors le rôle d'un mot dans une phrase en utilisant des étiquettes collectives.
Pour matérialiser **la nature différente des mots** dans la phrase (déterminant, nom, pronom personnel, verbe, adjectif), les enfants portent un « collier-figurine »

Mise en scène.

(Annexe 0; voir aussi un exemple p. 10) : soit ils déterminent eux-mêmes le collier à porter, soit le choix s'effectue collectivement. Les enfants porteurs de collier se donnent la main pour **mettre en évidence les accords** dans un groupe de mots et se déplacent ou se remplacent pour **effectuer des manipulations dans la phrase de manière active et visuelle**. Lors de cette phase de découverte, on prendra soin de favoriser les échanges au sein du groupe-classe.
Concernant les séquences de conjugaison, la mise en scène s'appuie sur la pratique langagière pour faire émerger les différentes formes conjuguées du verbe.
À l'issue de la séance 1, le groupe-classe, aidé de l'enseignant, fait **une première synthèse orale** des notions essentielles découvertes. Cette synthèse ne reprend que ce qui vient d'être mis en évidence sans pour autant formaliser les savoirs sous forme de mémo.

• Séance 2 : Construction de la notion (manipulations et élaboration de la règle)

Activité de tri en binôme.

Après un rappel des notions découvertes lors de la séance précédente, cette deuxième séance approfondit la construction des savoirs.
Axée sur la manipulation, elle permet un travail de recherche par binôme. Les élèves apprennent à trier les mots dans différentes classes, ils comprennent et font fonctionner les accords (associations de mots) et s'exercent aux différentes manipulations dans la phrase...
Cette démarche, complémentaire de celle de la première séance, permet aux élèves, d'une part, de se décentrer par rapport à la situation vécue de mise en scène, et, d'autre part, de construire la notion de manière plus individualisée.
Chaque temps de recherche est suivi d'une validation collective au tableau. L'enseignant veille à faire justifier le choix des binômes, il passe rapidement sur les propositions consensuelles pour se concentrer sur les difficultés, erreurs ou désaccords qu'il a observés pendant le temps de recherche.
À la fin de cette séance, l'enseignant, par un questionnement oral, guide les élèves dans l'élaboration d'un « mémo ». Les mémos présentés sont donnés à titre d'exemple : il est important que les élèves le formulent avec leurs propres mots et que la rédaction en soit très simple.

MÉMO

La phrase

Une phrase est une suite de mots qui a du sens. Elle raconte quelque chose.
L'ordre des mots est important.
Quand on écrit une phrase, on doit marquer :
– le début de la phrase en mettant une **majuscule** au premier mot ;
– la fin de la phrase en mettant un **point**.

Exemple de mémo.

• Séance 3 : Entraînement et systématisation

Cette séance commence toujours par un rappel des notions contenues dans le mémo (questionnement oral de l'enseignant puis relecture à voix haute par un ou deux élèves).
Les élèves effectuent ensuite une série d'exercices ciblés pour s'entraîner et renforcer leurs acquis (voir les 27 fiches élèves du).
Pour chaque notion sont proposés 6 à 7 exercices d'application, réalisés de manière individuelle. Les compétences de chaque exercice sont détaillées, l'enseignant peut ainsi mieux se repérer et éventuellement n'en sélectionner que quelques-uns pour mieux différencier sa pédagogie.

• Séance 4 : Réinvestissement dans un court projet d'écriture

La phase d'entraînement se termine par une petite production d'écrit très simple permettant aux enfants de réinvestir leurs connaissances (pour plus de modalités, voir les « Conseils » ci-dessous).
Un temps d'échange permet à chaque enfant de lire sa production au reste de la classe.

Remarque
Bien évidemment, le transfert n'est pas toujours immédiat et il faudra assurer ce réinvestissement des notions tout au long de l'année, dans d'autres contextes.

Conseils et pistes pédagogiques

Au début de la classe de CE1, nous conseillons de privilégier le travail de révision des graphies des sons durant la première période. La séquence 1 (notion de phrase) pourra être abordée dès cette période. Pour les autres séquences (2 à 27), nous conseillons de commencer l'étude dès le début de la deuxième période (en janvier), afin de pouvoir traiter tout le programme de grammaire dans l'année.
Chaque séquence comporte quatre séances courtes de 30 à 40 minutes.
Dans le cadre des 10 heures hebdomadaires (2 h 30 par jour) réservées au français, ces séances pourront trouver leur place à raison d'une par jour.
La programmation proposée est établie selon une difficulté croissante des notions abordées et permet le réinvestissement de ce qui a déjà été vu. Cependant, l'enseignant pourra choisir une utilisation indépendante et autonome de chaque séquence.

• Terminologie

De manière générale, veiller à utiliser les termes grammaticaux exacts et précis. Cependant, afin d'en éclairer le sens, doubler leur usage en utilisant une expression plus simple et plus imagée. Par exemple, parler « des compagnons du nom » en référence au déterminant et à l'adjectif qualificatif ; utiliser l'expression « se mettre d'accord » pour éclairer le sens du terme « s'accorder » ; de même, faire référence à l'instrument de musique qui

s'accorde pour éviter les fausses notes... Les termes « nature » et « fonction » seront expliqués par « Comment ça s'appelle ? » et « À quoi ça sert ? ».
La création d'images mentales associées à des concepts abstraits permettra une appropriation plus aisée.

• Conseils matériels

• Prévoir un rangement pour les feuilles d'activités (classeur ou collage dans un cahier spécifique).

• Pour la fabrication des étiquettes collectives, il est possible de les photocopier en les agrandissant ou de les reproduire à la main, sur des bandes de papier type rouleau de caisse enregistreuse.

• Conserver les étiquettes collectives dans des pochettes de façon à pouvoir les réutiliser.

• Dès le début d'année, imprimer les colliers-figurines sur du papier cartonné et accrocher un élastique à chapeau pour pouvoir les enfiler autour du cou des enfants (Annexe 0). Pour une meilleure conservation, l'idéal serait de les plastifier. Afin de différencier davantage les figurines illustrant la nature des mots, il est conseillé de colorier ou faire colorier les colliers (exemple : rouge pour le verbe).
Prévoir un jeu de figurines sans élastique pour les fixer au tableau avec de la pâte adhésive ou un aimant.

• Affichages

• Concernant les tableaux de conjugaison affichés en classe, penser à utiliser une couleur différente pour chacun des trois temps (passé, présent, futur).

• Écrire le radical en noir et la terminaison en couleur.

• Des recherches sur la mémoire montrent l'importance de la disposition spatiale de l'objet à mémoriser. Ainsi, privilégier des affichages organisés de manière pertinente dans la classe. Par exemple, présenter les affiches du temps présent face aux élèves, les tableaux du passé sur le mur de gauche et ceux du futur sur le mur de droite.

Fiche guidée pour la démarche générale

• Séance 1: Découverte de la notion

1. Lecture et compréhension du texte

• Laisser les élèves lire silencieusement avant de faire lire à haute voix.

• Poser quelques questions pour vérifier la compréhension.

• Quand le texte s'y prête, organiser une lecture dialoguée avec acteurs et narrateurs.

2. Mise en scène

• Les enfants se placent debout face à la classe et tiennent les étiquettes de manière bien visible. Ils se déplacent au gré des manipulations.

• Veiller, pour dynamiser la séance, à solliciter un maximum d'élèves.

• Séance 2: Construction de la notion

1. Manipulations et recherches

• Après le rappel de la séquence précédente, faire ranger le matériel qui est sur les tables, et distribuer les étiquettes.

• Pour les activités de tri, établir une séparation en disposant une règle au milieu de la table.

• Pendant le temps de recherche des élèves:
– Circuler pour observer les erreurs et les difficultés qui seront reprises lors de la phase collective.
– Préciser aux enfants qu'ils devront pouvoir expliquer leurs choix.

• Mettre en commun et faire valider par le groupe-classe, qui apporte les corrections éventuelles en les justifiant.

2. Synthèse et élaboration de la règle

Organiser cette élaboration à partir d'un questionnement oral. Puis écrire le mémo au tableau phrase par phrase.
Privilégier sa copie par l'enfant sur le cahier de grammaire. Cependant, on pourra également demander à tour de rôle à un élève de le taper sur ordinateur et de le distribuer à l'ensemble de la classe.

• Séance 3: Entraînement et systématisation

Phase d'entraînement individuel (exercices sur fiche)

• Avant de distribuer la fiche élève, faire remémorer les notions abordées au cours de la séance, puis faire relire le mémo à voix haute par un ou plusieurs élèves.

• Distribuer la fiche élève correspondante.

• Laisser les élèves lire silencieusement la consigne du premier exercice. Demander à un élève de lire cette dernière à voix haute, puis la faire reformuler par un autre.

• Laisser les élèves chercher individuellement.

• Procéder à une correction collective ou individuelle en fonction de l'exercice et des difficultés éprouvées par les élèves.

Pour l'utilisation pédagogique de la fiche d'exercices, plusieurs modalités sont possibles:

• Faire réaliser la fiche élève exercice par exercice, le temps de correction suivant immédiatement. Pour gérer l'hétérogénéité de sa classe, l'enseignant circule et apporte une aide individualisée aux élèves en difficulté.

• Donner plusieurs exercices à réaliser aux enfants qui n'ont pas de difficultés et prendre en groupe de soutien les autres. La correction est collective.

● Séance 4: Réinvestissement dans un court projet d'écriture

Phase de réinvestissement individuel

• Chaque élève s'essaie à écrire sur son cahier de brouillon; circuler pour apporter une aide individualisée.

• Corriger individuellement les productions.

• Faire recopier au propre.

• Proposer un temps d'échange où chaque enfant va lire sa production au reste de la classe.

27 séquences

La phrase

➥ *Il est vivement conseillé de se reporter à la démarche générale, aux pistes pédagogiques et à la fiche guidée proposées dans l'introduction (p. 7), notamment pour la lecture du texte et l'élaboration de la règle qui suivent une mise en œuvre précise.*

Séance 1 : Découverte de la notion

Objectifs:
- Comprendre qu'une phrase est une suite de mots qui a du sens.
- Prendre conscience que la place des mots dans la phrase est importante.
- Identifier une phrase dans un texte.
- Comprendre l'importance de la majuscule et du point pour signifier respectivement le début et la fin d'une phrase à l'écrit.

Organisation: Travail collectif et individuel.

Matériel:
- Texte photocopié pour chaque élève. (Annexe 1)
- Un lot de crayons de couleur par élève.
- 22 étiquettes-mots collectives et une étiquette-signe de ponctuation. (Annexe 1)

[Le] [le] [petit] [Victor] [joue] [dans] [le] [jardin] [au] [ballon] [glace] [Sa] [sa]
[sœur] [Marine] [mange] [une] [glace] [Soudain] [Victor] [tape] [Une] [.]

Déroulement

1 Lecture et compréhension du texte

Victor le maladroit

Le petit Victor joue au ballon dans le jardin. Sa sœur Marine mange une glace.

Soudain, Victor tape dans le ballon. Marine le reçoit dans la figure. Sa glace est toute écrasée, Marine est toute barbouillée. Elle pleure. Son frère éclate de rire.

2 Mise en scène

Première étape

- Distribuer les étiquettes-mots et laisser les élèves les lire.
- Énoncer la phrase : « *Le petit Victor joue au ballon dans le jardin.* » Demander aux enfants qui possèdent les bonnes étiquettes de venir se placer debout face à la classe en tenant leur étiquette devant eux et de s'organiser pour écrire la phrase.

Le groupe-classe doit ensuite valider et apporter les corrections éventuelles en les justifiant.

Faire observer la majuscule du premier mot de la phrase et le point à la fin. Faire remarquer que le mot Victor, comme tous les prénoms, commence par une majuscule alors qu'il n'est pas le premier mot de la phrase.

• Énoncer une deuxième phrase : « *Sa sœur Marine mange une glace.* » Adopter la même démarche.

• Après la validation, procéder alors à un changement d'ordre des mots dans la phrase en faisant permuter les enfants qui portent les étiquettes « une glace » et « Sa sœur Marine ».

Faire lire la nouvelle phrase : « *une glace mange Sa sœur Marine.* »

Interroger les élèves : la nouvelle phrase a-t-elle du sens ? Les deux phrases (« *Sa sœur Marine mange une glace.* » et « *une glace mange Sa sœur Marine.* ») veulent-elles dire la même chose ?

• Demander aux élèves d'essayer de jouer les deux situations correspondant aux deux phrases et faire remarquer l'absurdité de la deuxième phrase.

• Faire remarquer qu'à l'écrit la nouvelle phrase n'est pas correcte au niveau des majuscules (« une glace » et « Sa sœur ») et faire réaliser les changements nécessaires.

Proposer un nouveau changement dans l'ordre des mots et placer les élèves de gauche à droite face à la classe pour écrire : « *Sa mange sœur Marine glace une.* »

Laisser les élèves réagir sur l'incohérence de la phrase.

• Procéder de la même manière avec la phrase : « *Soudain, Victor tape dans le ballon.* » / « *Soudain, le ballon tape dans Victor.* »

• Faire formuler une synthèse orale du type : « *Dans une phrase, l'ordre des mots est important. Si on change la place des mots, cela peut entraîner des modifications : parfois cela ne veut plus rien dire, parfois cela signifie autre chose.* »

Deuxième étape

• Demander aux élèves de relire individuellement leur texte.

• Faire compter le nombre de phrases.

• Pour valider, envoyer des élèves au tableau souligner en couleur chaque phrase et repasser en couleur la majuscule du début et le point de la fin.

Faire remarquer qu'une phrase peut s'écrire sur une ou plusieurs lignes.

• À ce stade, le groupe-classe, aidé par l'enseignant, fait émerger oralement les trois critères nécessaires pour écrire une phrase :

– L'ordre des mots est important dans une phrase pour lui donner du sens.
– Le premier mot de la phrase commence par une lettre majuscule.
– La phrase se termine par un point.

Séance 2 : Construction de la notion

Objectifs:	– Identifier une phrase correcte. – Réaffirmer l'importance de la majuscule et du point pour signifier respectivement le début et la fin d'une phrase à l'écrit.
Organisation:	Travail de recherche en binôme puis travail collectif.
Matériel:	– Un jeu d'étiquettes-phrases par binôme. (Annexe 1) – Le même jeu agrandi pour affichage au tableau.

Victor joue au jardin le ballon dans.	Sa sœur Marine une glace.
La petite fille mange une glace.	les enfants jouent au ballon.
La glace est toute écrasée	Le frère de Marine éclate de rire.
Marine reçoit le ballon dans la figure.	Elle est toute Barbouillée.

• Déroulement

1 Manipulations et recherches

• Faire découper les étiquettes et les faire lire.

• Pendant ce temps, tracer au tableau deux colonnes : écrire dans l'une « phrases correctes » et dans l'autre « phrases incorrectes ». Puis afficher les étiquettes des phrases agrandies à l'écart sur le tableau.

• Demander aux élèves de trier les phrases en mettant d'un côté de leur table celles qui sont correctes et de l'autre celles qui ne le sont pas. Préciser aux enfants qu'ils devront expliquer leurs choix.

Chaque binôme recherche pendant un temps donné. Circuler pour observer les erreurs et les difficultés qui seront reprises lors de la phase collective.

• Procéder à une mise en commun : chaque équipe vient afficher au tableau dans la bonne colonne une des phrases en utilisant les étiquettes agrandies. Les élèves lisent à haute voix la phrase proposée et argumentent leur choix.

La classe valide en reprenant les trois règles nécessaires à une phrase correcte : la phrase a-t-elle du sens ? y a-t-il une majuscule ? y a-t-il un point ?

• Collectivement, faire corriger si possible les phrases incorrectes en envoyant un élève au tableau pour ajouter points et majuscules manquants. Changer d'élève pour chaque phrase.

2 Synthèse et élaboration de la règle

MÉMO

La phrase

Une phrase est une suite de mots qui a du sens. Elle raconte quelque chose.
L'ordre des mots est important.
Quand on écrit une phrase, on doit marquer :
– le début de la phrase en mettant une **majuscule** au premier mot ;
– la fin de la phrase en mettant un **point**.

Séances 3 et 4 : Exercices de systématisation et court projet d'écriture

Objectifs: – Mémoriser les notions essentielles.
– Réinvestir ses connaissances dans des exercices d'application.

Organisation: Travail individuel, correction individuelle ou collective.

Matériel: – Photocopies de la fiche élève n° 1 (voir).
– Cahier d'essai.

Compétences abordées

Ex. 1 : Savoir identifier des phrases correctes.

Ex. 2 : Travailler la cohérence d'une phrase.

Ex. 3 : Savoir identifier des phrases dans un texte en distinguant ligne et phrase.

Ex. 4 : Comprendre l'importance de l'ordre des mots.

Ex. 5 : Savoir écrire des phrases cohérentes et syntaxiquement correctes.

Ex. 6 : Retrouver les phrases d'un texte à partir d'une lecture orale et les ponctuer.

La phrase

Je m'entraîne

❶ Recopie uniquement les phrases correctes.

J'aime aller au cinéma.
À la récréation, nous jouons loup avec mes copains.
La efface la maîtresse tableau.
Les élèves jouent sous le préau.
tous les soirs, mes parents me lisent une histoire.
Ma sœur mange une glace au chocolat.
Mon ordinateur est en panne

❷ Recopie la phrase en mettant les mots dans le bon ordre.

Les jouent au enfants ballon jardin. dans le

Nous à piscine. la partons

vont faire Mes parents courses. des

❸ Lis ce texte et souligne chaque phrase d'une couleur différente.

Aujourd'hui, Agathe est en retard à l'école. Tous ses camarades sont déjà rentrés en classe. Agathe n'ose pas frapper à la porte. Elle a peur de se faire gronder.

Complète.

Ce texte contient .... phrases.
Elles sont écrites sur .... lignes.

❹ Relie chaque phrase au dessin qui l'illustre.

La sorcière est sur son balai magique.

Le balai magique est sur la sorcière.

Antoine gronde maman.

Maman gronde Antoine.

❺ En utilisant des mots dans chacune des colonnes, écris deux phrases.

Mon copain	lave	son chien.
Le maître	coupe	une pomme.
Ma sœur	mange	le tableau.

❻ Écoute ton enseignant lire ce texte. Recopie-le sur ton cahier en remettant les majuscules et les points qui ont disparu.

la récréation est terminée les enfants se mettent en rang ils rentrent en classe et vont s'asseoir à leur place tout le monde se remet au travail

J'écris

❼ Écris en une phrase ce que représente chaque image.

2

Les types de phrases

➥ *Il est vivement conseillé de se reporter à la démarche générale, aux pistes pédagogiques et à la fiche guidée proposées dans l'introduction (p. 7), notamment pour la lecture du texte et l'élaboration de la règle qui suivent une mise en œuvre précise.*

Séance 1 : Découverte de la notion

Objectifs: – Connaître le nom des différents points (interrogation et exclamation).
– Reconnaître les différentes phrases grâce à leur point et comprendre leur rôle.

Organisation: Travail collectif puis travail individuel.

Matériel: – Texte photocopié pour chaque élève. (Annexe 2)
– Une étiquette-phrase par binôme. (Annexe 2)

Que veux-tu manger ?	Est-ce que tu veux un éclair au chocolat ?
Tu en es bien sûre cette fois ?	Vas-tu enfin te décider ?
Décide-toi, Manon !	Tu commences à m'agacer !
Manon est devant la pâtisserie.	Elle n'arrive pas à se décider.
Oh, la tarte aux fraises, comme elle est appétissante !	
Trop tard, c'est l'heure de la fermeture !	

• Déroulement

1 Lecture et compréhension du texte

Que choisir ?

Manon est devant la pâtisserie. Elle n'arrive pas à se décider. Sa maman lui demande :
« Que veux-tu manger ?
– Je ne sais pas.
– Est-ce que tu veux un éclair au chocolat ?
– Je ne sais pas, un éclair au chocolat… un pain aux raisins…
– Décide-toi, Manon !
– Oh, la tarte aux fraises, comme elle est appétissante !
– Alors, as-tu choisi cette fois ?
– Euh, non, je veux un chausson aux pommes.
– Tu commences à m'agacer ! Vas-tu enfin te décider ?
Mais à ce moment-là, la pâtissière en colère sort de sa boutique et annonce :
– Trop tard, c'est l'heure de la fermeture ! »

2 Mise en scène

Première étape

• Distribuer une phrase par binôme et la faire lire.

• Faire une lecture magistrale du texte en marquant particulièrement l'intonation.

Demander aux élèves quels sont ceux qui possèdent une question. Écrire le mot « question » au tableau.

Faire venir successivement au tableau les élèves concernés et les placer face à la classe.

Demander à un ou plusieurs élèves de la classe de relire chaque phrase à voix haute.

• Le groupe-classe valide et apporte les corrections éventuelles en les justifiant.

Au fur et à mesure, afficher les phrases au tableau.

On obtient :

Que veux-tu manger ?	Est-ce que tu veux un éclair au chocolat ?
Tu en es bien sûre cette fois ?	Vas-tu enfin te décider ?

• Laisser les élèves constater que ces phrases se terminent par un point particulier (?). Donner le terme « point d'interrogation » s'il n'est pas connu et l'écrire au tableau à côté du mot « question ».

Envoyer un ou plusieurs élèves entourer en couleur le point d'interrogation dans chacune des phrases.

Faire rappeler par un enfant que ces phrases servent à poser des questions.

• Demander ensuite aux élèves de chercher qui possède une phrase qui exprime :

– un ordre (« *Décide-toi, Manon !* ») ;

– l'énervement, l'impatience (« *Tu commences à m'agacer !* ») ;

– l'admiration, l'envie (« *Oh, la tarte aux fraises, comme elle est appétissante !* ») ;

– la colère (« *Trop tard, c'est l'heure de la fermeture !* »).

• Adopter pour les phrases exclamatives la même démarche que précédemment.

• Faire venir au tableau les élèves qui possèdent les phrases restantes (phrases narratives).

Les faire lire à haute voix.

Faire remarquer qu'elles se terminent par un point et qu'elles servent à raconter.

Deuxième étape

• Faire relire le texte et faire entourer en couleur les différents points (. / ? / ! / ...). Utiliser quatre couleurs différentes.

Faire remarquer les points de suspension utilisés pour exprimer ici l'hésitation de Manon.

• Amorcer une synthèse sur les trois types de phrases déjà rencontrées.

– La phrase qui se termine par un point sert à raconter.

– La phrase qui se termine par un point d'interrogation sert à poser une question.

– La phrase qui se termine par un point d'exclamation sert à dire la surprise, l'énervement ou à donner un ordre.

Séance 2 : Construction de la notion

Objectifs: – Connaître les différents points (point, point d'interrogation et point d'exclamation).
– Identifier des phrases exclamatives et interrogatives grâce à leur point.
– Montrer par l'intonation que l'on a compris le rôle des points.

Organisation: Travail en binôme, puis collectif.

Matériel: – Par binôme, un jeu d'étiquettes-phrases. (Annexe 2)
– Le même jeu agrandi pour affichage au tableau.

Qui a mangé tous les bonbons	Papa a perdu son porte-monnaie
Que c'est beau	Comment t'appelles-tu
Quel âge a ta sœur	Taisez-vous
Je suis extrêmement fâché	

• Déroulement

1 Manipulations et recherches

• Distribuer les étiquettes-phrases et les faire lire silencieusement.

• Pendant ce temps, afficher au tableau les étiquettes agrandies.

• Demander aux élèves de trouver le point qui convient le mieux et de l'écrire à la fin de chaque phrase.

Chaque binôme recherche pendant un temps donné.

• Procéder à une mise en commun, en envoyant chaque équipe tracer au tableau le point à la fin de la phrase choisie.

Les élèves lisent à haute voix la phrase proposée et argumentent leur choix.

La classe valide ou corrige en argumentant.

Faire remarquer qu'une même phrase peut changer suivant le point utilisé: « *Papa a perdu son porte-monnaie.* » (information), « *Papa a perdu son porte-monnaie !* » (indignation) ou « *Papa a perdu son porte-monnaie ?* » (question).

Faire énumérer ce que peut exprimer le point d'exclamation (ordre, admiration...).

2 Synthèse et élaboration de la règle

MÉMO

Les différents points

On reconnaît les différentes sortes de phrases grâce à leur point.
Les phrases qui servent à poser des questions se terminent par un point d'interrogation (?).
Les phrases qui servent à dire la surprise, la joie, l'énervement, un ordre... se terminent par un point d'exclamation (!).
Les phrases qui servent à raconter se terminent par un point (.).

Séances 3 et 4 : Exercices de systématisation et court projet d'écriture

Objectifs:
- Mémoriser les notions essentielles.
- Réinvestir ses connaissances dans des exercices d'application.

Organisation: Travail individuel, correction individuelle ou collective.

Matériel:
- Photocopies de la fiche élève n°2 (voir).
- Cahier d'essai.

Compétences abordées

Ex. 1 et 5: Savoir identifier différents types de phrases.

Ex. 2 et 3: Savoir ponctuer une phrase.

Ex. 4: Savoir associer une question et sa réponse.

Les types de phrases

Je m'entraîne

❶ Lis les phrases et souligne :

– en rouge, celles qui posent des questions ;
– en vert, celles qui racontent ;
– en bleu, celles qui expriment la surprise, la joie ou qui donnent un ordre.

Lave-toi les mains !	Comme tu as grandi !
Où est passé mon chat ?	Qui a ouvert la fenêtre ?
Le chauffeur conduit le car.	Qu'il fait chaud !
Mettez-vous en rang !	Le pompier éteint le feu.
Qu'il est beau ce sapin de Noël !	Combien font 6 + 12 ?

❷ Complète chaque phrase avec le point qui convient (. / ? / !).

Où vas-tu......	Mange tes épinards......
Quel âge a ton petit frère......	Quand partez-vous en vacances......
Je suis malade......	Arrête d'ennuyer ta sœur......
As-tu déjà fait du ski......	Pierre va au cinéma......

❸ Lis chaque phrase, recopie-la et ajoute en couleur le point qui convient (. / ? / !).

Sors d'ici immédiatement

Quelle heure est-il

Ma voisine joue dans sa chambre

❹ Relie d'un trait les questions et les réponses.

Pourquoi es-tu triste ? •	• Elle est rouge.
Où vas-tu ? •	• J'en ai deux.
De quelle couleur est la tomate ? •	• C'est l'éléphant.
Combien as-tu de frères ? •	• Je vais à l'école.
Quel animal barrit ? •	• Parce que j'ai perdu mon petit chat.

❺ Recopie seulement les phrases qui servent à poser des questions.

Pourquoi pleures-tu ?
Que tu es belle !
Qu'est-ce que tu fais ?
Est-ce que tu manges à la cantine ce midi ?
Ne roule pas si vite !
J'ai mal au genou.
Où allez-vous ?

J'écris

❻ Écris une question qui correspond à chaque réponse. N'oublie pas le point d'interrogation !

C'est la vache.

Il est jaune.

Je fais du judo.

Le verbe

➡ *Il est vivement conseillé de se reporter à la démarche générale, aux pistes pédagogiques et à la fiche guidée proposées dans l'introduction (p. 7), notamment pour la lecture du texte et l'élaboration de la règle qui suivent une mise en œuvre précise.*

Séance 1 : Découverte de la notion

Objectifs:
- Comprendre que le verbe est un mot qui exprime le plus souvent une action.
- Distinguer verbe à l'infinitif et verbe conjugué.

Organisation: Travail collectif puis individuel.

Matériel:
- Texte photocopié pour chaque élève. (Annexe 3)
- Texte reproduit au tableau.
- Colliers-figurines du verbe (voir exemple p. 10).
- Un jeu d'étiquettes-verbes, dans une boîte. (Annexe 3)

[marcher] [bousculer] [caresser] [coiffer] [accrocher] [manger] [sauter] [applaudir] [taper]
[danser] [embrasser] [éplucher] [lire] [avancer] [reculer] [arroser] [sentir] [effacer]
[écrire] [peindre] [boire] [lancer] [couper] [dormir] [rire]

• Déroulement

1 Lecture et compréhension du texte

Tous aux fourneaux

Maman épluche les pommes. Pendant ce temps, Eliott coupe les poires. Puis Maman casse les œufs dans le saladier. Agathe mélange avec une grande cuillère. Maman dispose les fruits dans un moule. Eliott verse la pâte dessus. Enfin Maman enfourne le moule. Dans une heure tout le monde mangera le bon gâteau !

2 Mise en scène

Première étape

• Faire venir trois enfants au tableau, chacun d'eux jouera un rôle (Maman, Eliott, Agathe).

• Faire relire à haute voix par un élève la première phrase : « *Maman épluche les pommes.* » Demander à l'enfant qui joue le rôle de Maman de mimer l'action.

• Demander aux enfants quel mot nous dit ce que fait Maman (« épluche ») puis de souligner ce mot dans leur texte.

Demander à un élève de venir au tableau souligner en rouge le mot.

• Faire relire à haute voix par un élève la deuxième phrase : « *Pendant ce temps, Eliott coupe les poires.* »

Utiliser la même démarche pour cette phrase puis pour toutes les phrases du texte.

• Faire relire tous les mots soulignés : « épluche, coupe, casse, mélange, dispose, verse, enfourne, mangera ».

Dire que ces mots s'appellent des verbes; ils indiquent ce que l'on fait (des actions).

• Écrire au tableau « des verbes » et afficher le collier-figurine qui illustre les verbes.

Deuxième étape

• Envoyer un élève au tableau tirer au sort une étiquette dans la boîte, la faire lire en silence puis récupérer l'étiquette.

Demander à l'élève de mimer le verbe. Les autres lèvent le doigt pour proposer un verbe.

• Faire formuler la réponse de deux façons (deux formes du verbe : conjugué et à l'infinitif). Pour obtenir la forme conjuguée, poser une question du type : « *Que fait Manon ?* ». Pour obtenir le verbe à l'infinitif, poser une question du type : « *Qu'est-ce que Manon est en train de faire ?* » et faire répondre par « *Manon est en train de…* ». Conclure en disant : « *C'est le verbe* ***marcher***. »

À chaque fois, écrire au tableau le verbe sous sa forme conjuguée dans une phrase (en utilisant le prénom de l'enfant qui mime) et le verbe à l'infinitif. Exemple : « *Manon marche. → marcher* ».

Souligner en rouge « marche », écrire un V majuscule rouge au-dessus du mot. Expliquer ce que signifie le V.

• Adopter la même démarche en envoyant trois ou quatre autres élèves pour mimer d'autres verbes. On peut demander au reste de la classe d'écrire la réponse sur son ardoise.

• Faire lire tous les verbes conjugués, introduire l'expression « verbes conjugués » et l'écrire au tableau.

• Procéder de même pour « verbes à l'infinitif ».

Séance 2 : Construction de la notion

Objectifs :
- Reconnaître un verbe.
- Identifier et associer la forme conjuguée à l'infinitif d'un verbe.
- Comprendre que dans le dictionnaire les verbes sont écrits à l'infinitif.

Organisation : Travail de recherche en binôme et travail collectif.

Matériel :
- Quelques verbes intrus à l'infinitif à choisir parmi les étiquettes de la séance précédente.
- Un dictionnaire par binôme.
- Un jeu d'étiquettes-phrases et de verbes à l'infinitif par binôme. (Annexe 3)
- Un même jeu d'étiquettes agrandies.

Nous mangeons à la cantine.	Les enfants dorment sous une tente.
Mon frère mange du chocolat.	Ce soir, tu dormiras chez ta mamie.
Vous éplucherez des pommes de terre.	Elles épluchent des carottes.
Le cuisinier épluche des légumes.	2 x manger – 2 x dormir – 3 x éplucher

Déroulement

1 Manipulations et recherches

Première étape

• Procéder à un rappel de la séance précédente.

• Écrire au tableau la phrase : « *Maman épluche les pommes.* »

Demander quel mot dans la phrase indique ce que fait Maman et faire préciser comment s'appelle ce mot.

Écrire au tableau « un verbe » en repassant le V en rouge.

• Distribuer et faire découper les étiquettes par chaque binôme. Pendant ce temps, afficher les étiquettes agrandies au tableau.

• Faire lire les phrases et les verbes à l'infinitif silencieusement.

Demander aux élèves de souligner en rouge, dans chaque phrase, le verbe et d'écrire un V majuscule en rouge en dessous.

Après un temps de recherche, faire valider collectivement en utilisant les étiquettes du tableau.

• Demander alors aux enfants de trouver dans leurs étiquettes le verbe à l'infinitif qui correspond au verbe souligné dans la phrase et de placer l'étiquette sous le verbe souligné.

Après un temps de recherche, procéder à une validation collective au tableau.

• Faire relire pour chaque verbe à l'infinitif les différentes formes conjuguées. Par exemple : manger → *mange, mangeons*. Préciser de nouveau « verbes conjugués », « verbes à l'infinitif ».

Préciser qu'il s'agit toujours du même verbe, mais qu'il se transforme. Expliquer que l'infinitif est comme « *le nom de famille* » du verbe, qu'il sert à nommer le verbe.

Deuxième étape

• Faire rechercher dans le dictionnaire les mots « *manger, mangeons, mange, dormiras, dorment, dormir, éplucherez, éplucher, épluches, épluchent* ». Répartir le travail de recherche entre les élèves de la classe.

Laisser un temps suffisant et faire réagir les enfants sur le fait que certaines formes du verbe ne sont pas écrites dans le dictionnaire.

• Amener à la conclusion que dans le dictionnaire, les verbes sont écrits à l'infinitif.

2 Synthèse et élaboration de la règle

MÉMO

Le verbe

Un verbe est un mot qui, le plus souvent, indique une action.
Exemple : *Les enfants* ***mangent****. Le bébé* ***dort****.*
Quand le verbe n'est pas dans une phrase, il est à l'infinitif : *couper, manger, casser, dormir.*
C'est aussi la forme que l'on utilise pour le nommer (par exemple dans le dictionnaire).

Séances 3 et 4 : Exercices de systématisation et court projet d'écriture

Objectifs :	– Mémoriser les notions essentielles. – Réinvestir ses connaissances dans des exercices d'application.
Organisation :	Travail individuel, correction individuelle ou collective.
Matériel :	– Photocopies de la fiche élève n° 3 (voir). – Cahier d'essai.

Compétences abordées

Ex. 1, 4 et 5 : Savoir écrire un verbe à l'infinitif pour définir une action.
Ex. 2 : Savoir identifier un verbe conjugué dans une phrase.
Ex. 3 : Reconnaître et utiliser la forme conjuguée ou l'infinitif d'un verbe.
Ex. 6 : Trouver l'infinitif d'un verbe à partir d'un nom de la même famille.

Le verbe

Je m'entraîne

1 Dans chaque cadre, écris le verbe à l'infinitif qui décrit l'action faite par le garçon.

2 Souligne en rouge le verbe dans chaque phrase.

Pierre dessine un cheval.

Le gros chien aboie.

Le bébé pleure.

Le mécanicien répare une voiture.

Ma sœur nage bien.

3 Dans chaque phrase, barre la forme du verbe qui ne convient pas.

Le cuisinier éplucher / épluche des oignons.
Demain vous partir / partirez en Italie.
Nous montons / monter à cheval tous les dimanches.
Hier mon petit cousin Léo courait / courir dans le jardin.
Le jardinier planter / plantera des bulbes de tulipes.

4 Écris un verbe qui signifie la même chose que :

parler
B _ _ _ _ _ _ _

crayonner
D _ _ _ _ _ _ _

finir
T _ _ _ _ _ _ _

saisir
A _ _ _ _ _ _ _

taper
B _ _ _ _ _

5 Écris le verbe qui correspond à chaque définition.

Dire « merci » à quelqu'un c'est ....

Devenir tout rouge c'est ....

Se baisser pour prendre quelque chose par terre c'est ....

Rendre plus court quelque chose c'est le ....

Mettre dans la terre c'est ....

Mettre des objets en ligne c'est les ....

6 Écris le verbe qui indique l'action que fait :

– le chanteur : ....

– la vendeuse : ....

– le campeur : ....

– la nageuse : ....

– le surveillant : ....

– le gagnant : ....

J'écris

7 Sur ton cahier, récris ce texte en mettant les verbes à l'infinitif.

Recette pour bien écrire et parler
Tu ouvres le dictionnaire de la langue française.
Tu cherches à la lettre G.
Tu poses le doigt sur le mot « grammaire ».
Tu l'épelles une fois à l'endroit et une fois à l'envers.
Puis tu fermes les yeux...

4

La phrase négative : une technique pour reconnaître le verbe conjugué

➥ Il est vivement conseillé de se reporter à la démarche générale, aux pistes pédagogiques et à la fiche guidée proposées dans l'introduction (p. 7), notamment pour la lecture du texte et l'élaboration de la règle qui suivent une mise en œuvre précise.

Séance 1 : Découverte de la notion

Objectifs :
- Transposer à l'oral une phrase affirmative en phrase négative.
- Comprendre qu'à la forme négative, le verbe est encadré par « ne » et « pas » ou « n' » et « pas » (terminologie non exigible à ce niveau).

Organisation : Travail collectif et individuel.

Matériel :
- Texte photocopié pour chaque élève. (Annexe 4)
- Collier-figurine verbe.
- La photocopie en un seul exemplaire des étiquettes-phrases. (Annexe 4)
- Grandes étiquettes-mots. (Annexe 4)

1. [Je veux dessiner.] [Léa ennuie son frère.] [Je veux être seul.] [Ma sœur est intelligente.] [Pierre dessine calmement.] [Je suis sage.] [Mon frère dessine.] [Tu m'agaces.]

2. [Le] [téléphone] [sonne] [Ma] [grand-mère] [cueille] [du] [muguet] [Je] [ramasse] [ma] [chaussette] [Il] [fait] [toujours] [beau] [ne] [pas] [jamais]

● Déroulement

1 Lecture et compréhension du texte

Léa la chipie

Léa, la chipie, ennuie son grand frère Pierre qui dessine calmement.
« Laisse-moi, Léa, je veux être seul, dit Pierre.

Mais Léa reprend en l'imitant :
– Ne me laisse pas, Léa, je ne veux pas être seul !
– Mais si, je veux dessiner tranquillement.
– Mais non, je ne veux pas dessiner tranquillement, rétorque Léa, espiègle.
– Arrête de dire le contraire de moi, crie Pierre.
– N'arrête pas de dire le contraire de moi, reprend la fillette en riant.
– Tu m'agaces ! hurle Pierre.
– Tu ne m'agaces pas ! rétorque alors Léa.
Pierre en a vraiment assez, il se demande comment faire pour se séparer de cette chipie…
Il réfléchit et déclare :
– Ma petite sœur est intelligente !
Et Léa aussitôt reprend sans réfléchir :
– Ma petite sœur n'est pas intelligente ! »
Enfin ! Cette fois elle s'est fait piéger…

2 Mise en scène

Première étape

• Faire venir un garçon et une fille au tableau pour jouer la scène.

Distribuer au garçon une étiquette-phrase. Il la lit : « *Je veux dessiner.* » La fille doit trouver son contraire.

Faire valider par le groupe-classe.

• Adopter la même démarche pour les autres phrases.

Inviter plusieurs élèves à participer.

Deuxième étape

• Distribuer et faire lire une étiquette-mot à chaque enfant.

• Énoncer la phrase : « *Le téléphone sonne.* »

Demander aux enfants qui possèdent les bonnes étiquettes de venir se placer debout face à la classe.

• Demander au groupe-classe de trouver à l'oral la phrase qui dit le contraire.

Les élèves portant les mots « ne » et « pas » viennent se placer au bon endroit dans la phrase.

Faire valider par le groupe-classe.

• Demander aux élèves de chercher le verbe puis de trouver quels petits mots encadrent le verbe (« ne » ; « pas »).

Demander aux enfants qui tiennent les mots « ne » et « pas » de lever la main pour bien mettre en évidence l'encadrement du verbe.

• Faire conclure : le mot « sonne » est le verbe de la phrase, il est encadré par « ne » et « pas ».

Donner un collier-figurine à l'élève portant le verbe et lui demander de trouver que l'infinitif est le verbe *sonner*.

Afficher les étiquettes de la phrase au tableau.

Faire souligner le verbe en rouge et écrire V au-dessous.

Faire entourer les petits mots « ne », « pas ».

• Utiliser la même démarche pour les phrases suivantes: «*Ma grand-mère cueille du muguet.*»; «*Je ramasse ma chaussette.*»; «*Il fait toujours beau.*».

• Préciser que lorsque le verbe de la phrase est encadré par les mots «ne» et «pas» ou «n'» et « pas», et plus rarement par d'autres mots comme «ne» et «jamais», la phrase s'appelle une phrase négative.

• Expliquer qu'à l'oral on oublie souvent une des deux négations – par exemple: «*Je mange pas à la cantine.*» –, mais qu'en réalité nous devrions dire «*Je ne mange pas à la cantine.*».

Séance 2 : Construction de la notion

Objectifs:
- Comprendre qu'à l'écrit la négation est obligatoirement double.
- Repérer des phrases négatives correctes à l'écrit.
- Transposer une phrase affirmative en phrase négative à l'écrit.

Organisation: Travail de recherche collectif puis en binôme puis travail collectif.

Matériel:

1. – Un jeu d'étiquettes-phrases collectives. (Annexe 4)
   – Grandes étiquettes des mots «*ne, pas, n', jamais, toujours*» en plusieurs exemplaires. (Annexe 4)
2. – Un jeu d'étiquettes-phrases par binôme. (Annexe 4)
   – Le même jeu agrandi pour affichage au tableau.

1. [Je mange à la cantine.] [Cet été, vous irez à la mer.] [Marine crie toujours.]

2. [Mon père répare sa voiture.] [Je ne mange pas de viande.] [On va pas à la piscine.] [Demain midi, nous irons au restaurant.] [Léa n'est pas gentille avec son frère.] [Il ne skie jamais.] [La neige recouvre les arbres.] [Mon copain ne danse pas bien!] [Je dors pas chez ma mamie ce soir.]

• Déroulement

1 Manipulations et recherches

Première étape

• Procéder à un rappel (collectif): comment faire pour mettre une phrase à la forme négative? quels sont les mots que l'on utilise? où se trouve le verbe?

• Afficher au tableau les étiquettes des phrases affirmatives (*Je mange à la cantine. / Cet été, vous irez à la mer. / Marine crie toujours.*), ainsi que les grandes étiquettes des mots exprimant la négation.

• Faire lire une première phrase à voix haute.

Demander aux élèves de chercher la forme négative de cette phrase.

• Envoyer un élève découper la phrase et faire insérer les étiquettes des mots marquant la négation.

• Faire valider et justifier les propositions par le groupe-classe (« n' » au lieu du « ne » et « jamais » au lieu de « pas toujours »).

Deuxième étape

Trier des phrases négatives correctes

• Distribuer et faire découper les étiquettes (à chaque binôme).

Pendant ce temps afficher les étiquettes collectives au tableau.

Faire lire les phrases à haute voix.

• Demander aux enfants de trier les phrases en conservant les phrases négatives correctement construites et en écartant les autres.

Les laisser rechercher en binôme.

• Faire une mise en commun à l'aide des grandes étiquettes affichées au tableau.

Passer rapidement sur les points qui n'ont pas posé problème et insister sur les difficultés.

Faire ressortir qu'à l'écrit une phrase négative comporte deux mots qui expriment la négation.

• Faire relire la liste des phrases négatives correctes et les afficher au tableau : *« Je ne mange pas de viande. », « Léa n'est pas gentille avec son frère. », « Il ne skie jamais. », « Mon copain ne danse pas bien ! ».*

Faire lire à voix haute les phrases négatives non correctes et demander aux élèves d'apporter la correction : *« On va pas à la piscine. », « Je dors pas chez ma mamie ce soir. ».*

Repérer le verbe conjugué

Dans un second temps, demander aux élèves de souligner en rouge sur leurs étiquettes-phrases le verbe de chaque phrase négative et d'écrire V au-dessous.

Faire valider par le groupe-classe.

Faire entourer les deux mots de négation.

Insister sur le fait que le verbe est le mot encadré par « ne » et « pas » dans les phrases négatives.

2 Synthèse et élaboration de la règle

MÉMO

La forme négative

Pour écrire une **phrase à la forme négative**, on ajoute le plus souvent **les deux petits mots « ne » ou « n' » et « pas ».**

Exemples : *Tu parles.* → *Tu* ***ne*** *parles* ***pas****.*

Lucas écoute. → *Lucas* ***n'****écoute* ***pas****.*

Pour trouver le verbe conjugué dans la phrase, on peut utiliser la forme négative. Le verbe se trouve toujours entre les deux mots : **« ne … pas ».**

Séances 3 et 4 : Exercices de systématisation et court projet d'écriture

Objectifs : – Mémoriser les notions essentielles.
– Réinvestir ses connaissances dans des exercices d'application.

Organisation : Travail individuel, correction individuelle ou collective.

Matériel : – Photocopies de la fiche élève n° 4 (voir).
– Cahier d'essai.

Compétences abordées

Ex. 1 : Savoir associer les formes affirmatives et négatives d'une même phrase et repérer ce qui a changé.

Ex. 2 : Savoir identifier des phrases négatives et reconnaître les marques de négation.

Ex. 3 : Savoir transposer une phrase affirmative en phrase négative.

Ex. 4 : Savoir transposer une phrase négative en phrase affirmative.

La phrase négative

Je m'entraîne

1 Relie chaque phrase à sa forme négative.

Lucie aime jouer au ballon.	•	•	Il ne joue pas au football.
Il joue au football.	•	•	Elle n'aime pas être gardien de but.
Elle aime être gardien de but.	•	•	Elle ne joue jamais avec Marin.
Elle joue toujours avec Marin.	•	•	Lucie n'aime pas jouer au ballon.

Dans chaque phrase négative, entoure ce qui est ajouté.

2 Souligne en vert les phrases négatives correctes et entoure les mots qui marquent la négation.

Je mange à la cantine.

Océane ne dort pas chez sa mamie.

Mon chat n'est pas vieux.

Sors d'ici tout de suite !

Il ne pleut pas.

Quel âge as-tu ?

Je sais pas nager.

Elle ne vient jamais nous voir.

3 Écris le contraire en mettant ces phrases à la forme négative.

Nous sommes contents.

Ce soir, il prépare le repas.

Demain, les enfants partiront en balade.

Victor oublie toujours son cartable.

Dans chaque phrase négative, souligne le verbe en rouge et écris V en dessous.

4 Écris la phrase qui dit le contraire.

Je ne voyage pas en train.

La porte de ma chambre ne claque pas.

Aurore et Lisa ne montent plus à cheval.

Mon petit frère ne pleure jamais.

J'écris

5 Écris trois conseils pour ne pas avoir de caries. Aide-toi des mots suivants : brosser / bonbons / dentiste.

5

Les temps : présent, passé, futur

➥ *Il est vivement conseillé de se reporter à la démarche générale, aux pistes pédagogiques et à la fiche guidée proposées dans l'introduction (p. 7), notamment pour la lecture du texte et l'élaboration de la règle qui suivent une mise en œuvre précise.*

Séance 1 : Découverte de la notion

Objectifs:
- Repérer à quel temps une phrase est écrite.
- Connaître les termes *présent, passé, futur*.
- Reconnaître les mots « indicateurs de temps ».

Organisation: Travail en binôme puis collectif.

Matériel:
- Texte photocopié pour chaque élève. (Annexe 5)
- Un jeu d'étiquettes-phrases collectives par binôme. (Annexe 5)
- Un jeu d'étiquettes portant les indicateurs de temps par binôme. (Annexe 5)

Tu avais un an.	Tu commençais à marcher.	Tu tombais très souvent.
Autrefois, il adorait faire des courses de vélo.	Maintenant, il est vieux.
Il a les cheveux blancs.	Il ne peut plus marcher.	Plus tard, quand tu seras un homme.
Je serai président.	Je ferai une loi.	Maman soupire.	Qu'est-ce que tu feras ?

aujourd'hui	en ce moment	de nos jours	il y a longtemps
l'été dernier	il y a dix ans	demain	le mois prochain
dans une semaine	aux prochaines vacances

• Déroulement

1 Lecture et compréhension du texte

Photos souvenirs

Aujourd'hui, Maman et Antoine feuillettent l'album de photos de famille.

« Ici c'est toi quand tu avais un an, tu commençais à marcher, mais tu tombais très souvent, explique maman.

– Et là c'est qui ? demande Antoine en montrant une vieille photo un peu jaunie.

– C'est ton grand-père. Quand il était jeune, autrefois, il adorait faire des courses de vélo.
– Maintenant il est vieux, il a les cheveux blancs, il est sourd et il ne peut plus marcher. Pauvre Papi… dit Antoine.
Maman soupire et répond :
– Oui, le temps passe si vite…
Puis elle ajoute :
– Et toi, plus tard, quand tu seras un homme, qu'est-ce que tu feras ?
– Moi, je serai président de la République et je ferai une loi pour interdire aux gens de vieillir !... » répond fièrement Antoine.

2 Mise en scène

Première étape

• Distribuer et faire lire chaque étiquette-phrase.

• Demander aux élèves de venir au tableau s'ils possèdent une phrase qui raconte quelque chose qui est déjà passé : « *Tu avais un an.* » ; « *Tu commençais à marcher.* » ; « *Tu tombais très souvent.* » ; « *Autrefois, il adorait faire des courses de vélo.* ».

Les enfants viennent se placer face à la classe en tenant la phrase devant eux.

Laisser les autres réagir, corriger et argumenter.

• Faire relire toutes ces phrases.

Conclure en disant que ces phrases sont écrites au passé.

Écrire au tableau le mot « passé ».

Envoyer des élèves afficher les phrases les unes sous les autres sous le mot « passé ».

• Faire venir au tableau les élèves qui possèdent une phrase qui raconte quelque chose qui n'est pas encore arrivé : « *Plus tard quand tu seras un homme.* » ; « *Qu'est-ce que tu feras ?* » ; « *Je serai président.* » ; « *Je ferai une loi.* ».

Procéder de la même manière que précédemment.

Conclure en disant que ces phrases sont écrites au « futur ». Écrire au tableau le mot « futur ».

Faire afficher les phrases en dessous.

• Enfin, faire venir au tableau les enfants qui possèdent le reste des phrases : « *Maintenant, il est vieux* » ; « *Il a les cheveux blancs.* » ; « *Il ne peut plus marcher.* » ; « *Maman soupire.* ».

Faire relire les quatre phrases.

Faire constater que ces phrases ne sont ni au passé, ni au futur.

Demander aux élèves à quel moment cela se passe, ce que la phrase raconte.

• Conclure en disant que cela se passe « en ce moment », on dit que c'est le « présent ». Écrire au tableau le mot « présent ».

Envoyer des élèves afficher les phrases en dessous.

• Faire relire à haute voix la phrase : « *Maintenant, il a les cheveux blancs.* »

Rappeler que la phrase est au présent.

Demander quel mot dans la phrase nous aide à savoir quand se passe l'histoire.

• Demander à un élève de découper le mot « maintenant » et de se placer face à la classe en tenant l'étiquette.

• Adopter la même démarche pour faire découper le mot « autrefois » dans la phrase « *Autrefois, il adorait faire des courses.* » (passé), puis les mots « plus tard » dans la phrase « *Plus tard, quand tu seras un homme.* » (futur).

Faire placer les trois élèves avec leurs étiquettes de gauche à droite dans l'ordre chronologique.

Tracer au tableau un axe, écrire « passé, présent, futur » et tracer trois colonnes.

Envoyer des élèves afficher les étiquettes « autrefois, maintenant, plus tard » dans la colonne correspondante.

Deuxième étape

• Distribuer les étiquettes portant les indicateurs de temps et les faire lire.

• Demander à chaque binôme de venir afficher son étiquette au tableau dans la colonne « passé, présent, futur ».

Faire lire à haute voix et faire justifier.

• Faire relire tous les indicateurs du présent (« aujourd'hui », « en ce moment », « de nos jours »), du passé (« il y a longtemps », « l'été dernier », « il y a dix ans »), du futur (« demain », « le mois prochain », « dans une semaine », « aux prochaines vacances »).

Séance 2 : Construction de la notion

Objectifs :
- Repérer si une phrase est écrite au présent, au passé, au futur.
- Reconnaître les mots « indicateurs de temps ».
- Ordonner chronologiquement des indicateurs de temps.

Organisation : Travail de recherche en binôme et collectif.

Matériel :
- Une bande de papier (format A3, coupée en deux dans le sens de la longueur) par binôme.
- Un jeu d'étiquettes par binôme. (Annexe 5)
- Un même jeu pour affichage collectif en grand.

[hier] [avant-hier] [la semaine dernière] [l'hiver dernier] [il y a dix ans]
[autrefois] [jadis] [aujourd'hui] [actuellement] [en ce moment] [de nos jours]
[à l'heure actuelle] [demain] [dans quinze jours] [dans un mois]
[l'année prochaine] [dans dix ans]

• Déroulement

1 Manipulations et recherches

• Procéder à un rappel de la séance précédente.

• Tracer trois colonnes au tableau et écrire en haut de chaque colonne les mots « passé, présent, futur ».

• Faire rappeler oralement des mots indicateurs du présent dont les élèves se souviennent, écrire « aujourd'hui » dans la colonne du présent.

Donner en exemple la phrase : « *Aujourd'hui, je mange à la cantine.* »

• Faire rappeler oralement des mots indicateurs du passé dont les élèves se souviennent, écrire « hier » dans la colonne du passé.

Demander aux enfants de transformer au passé la phrase « *Aujourd'hui, je mange à la cantine.* »

• Adopter la même démarche pour la mettre au futur.

• Distribuer un jeu d'étiquettes et une bande de papier pour chaque binôme.

Faire découper les étiquettes et les faire lire.

Demander aux élèves de chercher dans leurs étiquettes les mots qui indiquent le présent.

Les faire coller au milieu de la bande les uns au-dessous des autres.

• Faire classer de gauche à droite le reste des mots dans l'ordre chronologique du plus ancien au plus récent, en collant à gauche de la feuille l'indicateur de temps le plus ancien. Aider les enfants pour le mot « jadis ».

Laisser les enfants rechercher, circuler dans les groupes.

• Faire une validation collective en demandant aux élèves de venir afficher au tableau les étiquettes dans l'ordre.

À la fin de la séance, on obtient :

jadis	autrefois	il y a dix ans	l'hiver dernier	la semaine dernière	avant-hier	hier	aujourd'hui en ce moment actuellement de nos jours à l'heure actuelle	demain	dans quinze jours	dans un mois	l'année prochaine	dans dix ans

• Faire entourer en rouge les indicateurs du présent, en bleu ceux du passé et en vert ceux du futur.

• Faire constater que dans le présent on ne peut pas ordonner, d'où la disposition en colonne.

2 Synthèse et élaboration de la règle

MÉMO

Présent, passé, futur

Le verbe se conjugue.

Une phrase peut s'écrire au passé : « *Hier, j'ai mangé à la cantine.* » ;
au présent : « *Aujourd'hui, je mange à la cantine.* » ;
au futur : « *Demain, je mangerai à la cantine.* ».

Séances 3 et 4 : Exercices de systématisation et court projet d'écriture

Objectifs: – Mémoriser les notions essentielles.
– Réinvestir ses connaissances dans des exercices d'application.

Organisation: Travail individuel, correction individuelle ou collective.

Matériel: – Photocopies de la fiche élève n° 5 (voir).
– Cahier d'essai.

Compétences abordées

Ex. 1: Savoir identifier le temps d'une phrase.

Ex. 2: Savoir choisir la forme verbale correspondant à chaque marqueur de temps.

Ex. 3: Savoir choisir la forme verbale déterminée par l'indicateur temporel.

Ex. 4 et 5: Connaître et utiliser des marqueurs de temps caractéristiques des trois temps.

Les temps : présent, passé, futur

Je m'entraîne

1 Écris après chaque phrase *présent*, *passé* ou *futur*.

Aujourd'hui, ma sœur va à la piscine. (.................................)

Demain elle ira au cinéma. (.................................)

Hier, il a plu toute la journée. (.................................)

En ce moment, le soleil brille. (.................................)

L'été prochain, nous partirons en Espagne. (.................................)

L'été dernier, nous étions en Italie. (.................................)

2 Relie par des traits pour former toutes les phrases possibles.

Dans quelques instants •	• je garde le chien de mon voisin.
Actuellement •	• le train entrera en gare.
L'année prochaine •	• je me suis cassé le bras.
Il y a trois mois •	• tu seras en CE2.
En ce moment •	• j'écoute de la musique.
Avant-hier •	• j'ai acheté un livre.

3 Choisis le verbe qui convient et recopie la phrase.

Hier, Félix a vu / voit / verra une araignée.

Dans deux mois, je pars / suis parti / partirai en vacances.

Actuellement, mon frère sera / était / est en CM2.

4 Complète avec : *hier, après-demain, l'hiver dernier, plus tard, dans un an, en ce moment, aujourd'hui.*

.... j'irai dormir chez ma grand-mère.

.... c'était ton anniversaire.

.... la neige tombe.

.... nous changerons de classe.

.... nous avons fait du ski.

.... mon frère ira en Amérique.

5 Numérote les indicateurs de temps en commençant par le plus ancien.

dans une heure	◯	il y a deux mois	◯
il y a une heure	◯	la semaine prochaine	◯
à ce jour	◯	autrefois	◯
dans deux mois	◯	la semaine dernière	◯

J'écris

6 Écris une phrase pour raconter ce qui s'est passé avant cette image et une autre pour raconter ce qui se passera après.

6

Découvrir le sujet du verbe

➥ *Il est vivement conseillé de se reporter à la démarche générale, aux pistes pédagogiques et à la fiche guidée proposées dans l'introduction (p. 7), notamment pour la lecture du texte et l'élaboration de la règle qui suivent une mise en œuvre précise.*

Séance 1 : Découverte de la notion

Objectifs:
- Repérer le sujet du verbe.
- Comprendre le rôle du sujet dans la phrase.
- Comprendre que le sujet peut être un mot seul ou un groupe de mots.

Organisation: Travail collectif et individuel.

Matériel:
- Texte photocopié pour chaque élève. (Annexe 6)
- Colliers-figurines verbe.
- Jeu d'étiquettes-mots collectives. (Annexe 6)

Le	petit	garçon	imite	les	animaux	Dans	le	salon	Léo	saute
sur	le	canapé	Un	beau	cheval	noir	et	blanc	galope	

• Déroulement

1 Lecture et compréhension du texte

Au zoo

Cet après-midi, Léo visite le zoo avec sa classe. De retour à la maison, il raconte ce qu'il a vu et imite ses animaux préférés à son papa.

« Il y avait un énorme éléphant qui barrissait, dit Léo en imitant le cri de l'éléphant.

Il y avait aussi un vieux lion qui rugissait en découvrant son immense gueule.

Papa rit en voyant Léo à quatre pattes rugir comme le lion.

– Et puis, ajoute Léo tout excité, j'ai vu un beau cheval noir et blanc qui galopait comme un fou !

Aussitôt, le petit garçon se met à galoper partout dans le salon.

– C'est bien, mon chéri. As-tu vu des singes ? demande papa.

– Oh oui, il y avait plein de chimpanzés qui criaient. Ils sautaient de branche en branche comme ça !

Léo se met alors à sauter d'un canapé à un autre en hurlant.

– Tu sais, papa, il y avait aussi un lama qui crachait sur les gens…

– Ah ! celui-là, inutile de l'imiter ! » s'empresse de préciser Papa.

2 Mise en scène

• Distribuer une étiquette-mot à chaque élève et la faire lire.

• Énoncer la phrase : « *Le petit garçon imite les animaux.* »

• Demander aux enfants qui possèdent les bonnes étiquettes de venir se placer.

• Faire lire la phrase à voix haute.

• Demander aux enfants de se rappeler le mot qu'ils savent déjà identifier dans une phrase, faire rappeler son nom (comment il s'appelle : le verbe) et sa fonction (à quoi il sert) dans la phrase.

• Faire identifier le verbe de cette phrase. On peut utiliser la forme négative.

• Donner le collier-figurine.

Poser la question « *Qui est-ce qui imite les animaux ?* » ou « *Qui imite les animaux ?* ».

• Faire répondre par « *C'est le petit garçon qui imite les animaux.* » pour détacher le sujet du verbe.

• Demander aux trois enfants qui tiennent les étiquettes « le / petit / garçon » de se donner la main pour visualiser que ces trois mots forment un groupe.

Dire que le groupe de mots « Le petit garçon » est le sujet du verbe « imite ».

• Afficher les étiquettes de la phrase au tableau.

• Demander à un élève de souligner le verbe en rouge, d'écrire V en dessous et à un autre de souligner le groupe « *Le petit garçon* » en bleu.

Écrire « Sujet du verbe » au tableau sous le groupe correspondant.

• Utiliser la même démarche pour les phrases suivantes.

– « *Dans le salon, Léo saute sur le canapé.* » Faire constater que le sujet du verbe est un mot seul : Léo.

– « *Un beau cheval noir et blanc galope.* » Faire observer que dans ce cas le sujet du verbe est composé de six mots. Le sujet du verbe est l'ensemble de ces mots, on l'appelle « groupe sujet ».

• Faire conclure que le sujet est un mot ou un groupe de mots qui désigne la personne, l'animal ou la chose qui fait ce qu'indique le verbe.

Conseils

Bien insister sur les étapes d'identification dans la phrase : on commence par chercher le verbe pour ensuite trouver son sujet. Les questions utilisées pour identifier le groupe sujet pourront être écrites au tableau.

Un sujet se définit formellement par la relation qu'il entretient avec le verbe. Bien faire ressortir le lien sujet/verbe : « *Pour qu'il y ait un sujet, il faut qu'il y ait un verbe.* » Attention à ne pas confondre le sujet de la phrase (thème de la phrase) et le sujet d'un verbe.

Séance 2 : Construction de la notion

Objectifs:
- Identifier le verbe puis le sujet du verbe en utilisant des stratégies différentes.
- Connaître le rôle du sujet dans la phrase.
- Réaffirmer que le sujet peut être un mot seul ou un groupe de mots.
- Créer de nouvelles phrases en changeant le groupe sujet.

Organisation: Travail en binôme et collectif.

Matériel:
- Un jeu d'étiquettes de cinq phrases par binôme (ou par élève suivant l'organisation choisie). (Annexe 6)
- Le même jeu agrandi pour affichage au tableau. (On peut reproduire, à la main, les phrases sur des bandes de papier de rouleau de caisse enregistreuse.)

| Pierre fait du vélo. | Le gros chien de ma voisine aboie. |
| Ma petite sœur regarde la télévision. | Le boulanger fait des croissants. |
| Elle efface le tableau. |

Déroulement

1 Manipulations et recherches

Repérer le verbe

• Procéder à un rappel de la séance précédente: la démarche utilisée pour repérer le groupe sujet dans la phrase et les questions posées.

• Écrire les étapes et les questions utilisées au tableau.

• Distribuer les étiquettes des cinq phrases et les faire lire.

Afficher les phrases collectives au tableau.

• Faire lire à haute voix.

• Faire souligner dans chaque phrase le verbe en rouge et écrire la lettre V en dessous. Après un temps de recherche, procéder à une mise en commun.

Veiller à ce que les élèves argumentent leur choix. Proposer d'utiliser la forme négative de la phrase ou encore faire mimer le verbe pour le repérer.

• Faire valider par le groupe-classe.

Repérer le sujet du verbe

• S'assurer que tous connaissent le groupe sujet d'un verbe. Donner un exemple avec une phrase simple: «*Le cheval galope.*» ou «*Léo saute.*».

• Demander aux élèves de souligner le groupe sujet des cinq phrases en bleu.

• Après un temps de recherche, mettre en commun. Chaque groupe appelé au tableau explique sa démarche pour trouver le groupe sujet. Faire valider en posant la question «*Qui est-ce qui?*» et en faisant répondre par «*C'est.......... qui..........* ».

Exemple: «*Qui est-ce qui fait du vélo? C'est **Pierre** qui **fait du vélo**.*» Même démarche pour les autres phrases.

• Demander aux élèves de découper les groupes sujets dans leurs étiquettes-phrases puis envoyer un élève découper les phrases du tableau.

• À la fin de la manipulation, on obtient les groupes suivants, affichés sur deux colonnes :

Groupes sujets soulignés en bleu	Reste de la phrase dont le verbe est souligné en rouge
Pierre	fait du vélo.
Le gros chien de ma voisine	aboie.
Ma petite sœur	regarde la télévision.
Le boulanger	fait des croissants.
Elle	efface le tableau.

Faire de nouveau remarquer la longueur variable du groupe sujet :

– Dans la phrase « *Le gros chien de ma voisine aboie.* », insister sur le fait que c'est bien l'ensemble des mots « *Le gros chien de ma voisine* » qui est sujet ; c'est pourquoi on parle de « groupe ».

– Faire remarquer que parfois le sujet est réduit à un seul mot (« Pierre », « elle »).

Créer de nouvelles phrases en changeant le verbe

• Demander aux élèves de choisir un groupe sujet parmi les étiquettes puis de fabriquer de nouvelles phrases en choisissant, parmi les étiquettes, un groupe du verbe différent.

• Demander aux groupes de proposer leurs phrases en les affichant au tableau avec les étiquettes collectives. On obtient par exemple : « *Pierre fait du vélo.* » ; « *Pierre regarde la télévision.* » ; « *Pierre efface le tableau.* » ; « *Pierre aboie.* », etc.

Créer de nouvelles phrases en changeant le groupe sujet

• Demander maintenant aux élèves de choisir un verbe parmi les étiquettes et d'inventer plusieurs phrases en changeant le groupe sujet.

• Utiliser la même démarche que précédemment. On obtient par exemple : « *Ma petite sœur fait du vélo.* » ; « *Le boulanger fait du vélo.* » ; « *Elle fait du vélo.* » ; « *Le gros chien de ma voisine fait du vélo.* ».

Faire remarquer que certaines phrases sont correctes mais invraisemblables. Exemple : « *Le gros chien de ma voisine efface le tableau.* »

2 Synthèse et élaboration

MÉMO

Le sujet d'un verbe

On appelle sujet du verbe le mot ou le groupe de mots qui désigne la personne, l'animal ou la chose qui fait l'action du verbe.

Par exemple : ***Ma sœur*** *mange une glace.* → « Ma sœur » est le sujet du verbe « mange ».

Pour trouver le sujet du verbe, on cherche d'abord le verbe puis on peut poser la question « *Qui est-ce qui ?* » et répondre par « *C'est....... qui ....* ». Exemple : « *Qui est-ce qui mange ? C'est ma sœur qui mange.* »

Séances 3 et 4 : Exercices de systématisation et court projet d'écriture

Objectifs:
- Mémoriser les notions essentielles.
- Réinvestir ses connaissances dans des exercices d'application.

Organisation: Travail individuel, correction individuelle ou collective.

Matériel:
- Photocopies de la fiche élève n° 6 (voir).
- Cahier d'essai.

Compétences abordées

Ex. 1 et 2: Savoir identifier le verbe et son sujet dans une phrase.

Ex. 3: Savoir associer un sujet à un verbe.

Ex. 4 et 5: Compléter des phrases en ajoutant un sujet ou un verbe.

Découvrir le sujet du verbe

Je m'entraîne

1 Pour chacune des phrases, trouve le sujet du verbe souligné. Aide-toi des questions / réponses.

• Tous les jours, Lucas <u>prend</u> le car.

Qui est-ce qui prend le car ?

C'est .... qui ....

• Lise <u>va</u> à l'école à pieds.

Qui est-ce qui .... ?

C'est .... qui ....

• Tous les élèves <u>rentrent</u> en classe.

Qui est-ce qui .... ?

Ce sont .... qui ....

2 Dans chaque phrase, souligne le verbe en rouge et écris V en dessous. Puis encadre le groupe sujet en bleu.

Maman épluche la salade.

Elle fait la sauce.

Papa met les assiettes sur la table.

Lina et son frère posent les couverts.

Ce soir, toute la famille dîne ensemble.

3 Relie d'un trait les groupes sujets et les groupes du verbe qui vont ensemble.

L'ordinateur de ma mère •	• a installé son chapiteau.
Le coiffeur •	• joue avec sa poupée.
La petite fille •	• est en panne.
Le cirque •	• coupe les cheveux des clients.

4 Complète chaque phrase avec un groupe sujet.

Dans le jardin, ... joue au ballon.

.... regarde passer le train.

.... cueille des fleurs.

Dans la forêt, ... a récolté des champignons.

5 Complète chaque phrase avec un verbe.

L'après-midi, mon cousin .... sur la plage.

La directrice de l'école .... dans son bureau.

Mon père .... sa voiture.

Le lion .... une gazelle.

J'écris

6 Choisis dans les listes quatre verbes et quatre sujets, puis écris une petite histoire en ajoutant des mots.

Verbes : saute / guette / regarde / se sauve / dévore / se battent

Sujets : le loup / le lion / la gazelle / la chèvre / les animaux

7

Manipuler le groupe sujet

➥ *Il est vivement conseillé de se reporter à la démarche générale, aux pistes pédagogiques et à la fiche guidée proposées dans l'introduction (p. 7), notamment pour la lecture du texte et l'élaboration de la règle qui suivent une mise en œuvre précise.*

Séance 1 : Découverte de la notion

Objectifs: – Identifier le groupe sujet du verbe.
– Substituer un groupe sujet à un autre.

Organisation: Travail collectif et individuel.

Matériel: – Texte photocopié pour chaque élève. (Annexe 7)
– Collier-figurine illustrant le verbe.
– Jeu d'étiquettes collectives. On peut reproduire, à la main, les phrases sur des bandes de papier de rouleau de caisse enregistreuse. (Annexe 7)

[La] [princesse] [Héléna] [porte] [une] [salopette] [dégoûtante]
[Le] [roi] [et] [la] [reine] [vivent] [dans] [une] [tour] [de] [château]

[La princesse Crado] [Elle] [La fille du roi] [La jeune fille] [Ils] [Elles]
[Le père et sa fille] [Le prince et la princesse] [Le loup]

• Déroulement

1 Lecture et compréhension du texte

La princesse Crado

Tout en haut de la plus haute des tours du château du Mont-Cradoc vivait la princesse Héléna. Elle n'était ni belle, ni coquette, ni même courageuse.

Pendant que son père, le roi, partait en guerre, la jeune fille passait ses journées à jouer à la marelle ou à regarder des DVD. Jamais elle ne faisait la vaisselle, elle l'entassait dans une cuvette ou la laissait traîner par terre.

Jamais elle ne vidait sa poubelle. La jeune princesse était si paresseuse qu'elle ne faisait jamais sa toilette : elle portait toujours une salopette dégoûtante et une casquette répugnante. On l'avait surnommée « la princesse Crado ».

2 Mise en scène

Substitution de groupes sujets

• Distribuer une étiquette et faire lire le mot à chaque enfant.

• Énoncer la phrase : « *La princesse Héléna porte une salopette dégoûtante.* » et demander aux enfants qui possèdent les bonnes étiquettes de venir se placer debout face à la classe.

• Faire lire la phrase à voix haute.

• Faire identifier le verbe de cette phrase. On peut utiliser la forme négative.

Donner le collier-figurine du verbe à l'enfant qui tient le mot « porte ».

• Faire identifier le sujet.

Demander aux trois enfants qui tiennent les étiquettes « La / princesse / Héléna » de se donner la main pour visualiser que ces trois mots forment un groupe.

Faire rappeler que le groupe de mots « La princesse Héléna » est le sujet du verbe « porte ».

• Écrire la phrase au tableau. Envoyer un élève souligner en rouge le verbe et en bleu le groupe sujet.

Demander aux élèves quelles étiquettes on peut retirer pour réduire le groupe sujet (« La princesse » ou « Héléna »).

Écrire au tableau les nouvelles phrases obtenues.

• Demander ensuite aux élèves de chercher parmi leurs étiquettes celles qui peuvent remplacer le groupe sujet « La princesse Héléna » sans changer le sens de la phrase.

• Successivement, faire venir les enfants au tableau pour remplacer ceux qui tiennent les étiquettes « La princesse Héléna ».

À chaque fois, faire lire à voix haute la phrase entière avec le nouveau sujet.

• Faire valider par le groupe-classe.

Afficher l'étiquette au tableau sous le groupe sujet de la phrase. On obtient à la fin :

La princesse Héléna porte une salopette dégoûtante.

La princesse Crado

La fille du roi

La jeune fille

Elle

• Faire relire à voix haute tous les groupes affichés et faire remarquer qu'ils sont tous sujets du même verbe « porte ».

• Procéder de la même façon pour la phrase suivante :

Le roi et la princesse vivent dans une tour de château.

Le père et sa fille

Ils

Séance 2 : Construction de la notion

Objectifs:	– Identifier le groupe sujet du verbe en utilisant des stratégies différentes. – Réduire ou allonger des groupes sujets.
Organisation:	Travail de recherche en binôme et travail collectif.
Matériel:	– Une photocopie par binôme des phrases à trous. (Annexe 7)

Déroulement

1 Manipulations et recherches

• Procéder à un rappel de la séance précédente.

• Distribuer la feuille de phrases à trous et demander aux élèves de lire silencieusement.

• Faire lire à haute voix la première phrase : « *La jeune princesse paresseuse porte une salopette.* »

• Demander aux élèves de souligner le verbe en rouge, d'écrire la lettre V au-dessous et de souligner en bleu le sujet du verbe.

Pendant ce temps, écrire la phrase au tableau.

• Envoyer un élève au tableau pour souligner les deux groupes.

Faire valider par la classe.

• Demander aux élèves de réduire le groupe sujet «La jeune princesse paresseuse» et de compléter en écrivant un mot dans chaque étiquette vierge.

• Après un temps de recherche en binôme, procéder à une correction collective en écrivant chaque réponse au tableau.

• Procéder de la même manière pour la seconde phrase.

• Pour la troisième phrase, à l'inverse, demander aux élèves d'agrandir le groupe sujet et de compléter en écrivant un mot dans chaque étiquette vierge.

2 Synthèse et élaboration de la règle

MÉMO

Le groupe sujet

On peut remplacer des groupes sujets par d'autres sans changer le sens de la phrase.

Exemple: ***Eliott et Léo*** *jouent au football.*
Les deux garçons *jouent au football.*
Ils *jouent au football.*

On peut réduire ou agrandir le groupe sujet d'un verbe.

Exemple: ***Léa*** *mange à la cantine.*
La petite fille Léa *mange à la cantine.*

Séances 3 et 4 : Exercices de systématisation et court projet d'écriture

Objectifs:	– Mémoriser les notions essentielles. – Réinvestir ses connaissances dans des exercices d'application.
Organisation:	Travail individuel, correction individuelle ou collective.
Matériel:	– Photocopies de la fiche élève n° 7 (voir). – Cahier d'essai.

Compétences abordées pour repérer le groupe sujet

Ex. 1: Savoir identifier le verbe et son sujet dans une phrase.

Compétences abordées pour manipuler le groupe sujet dans la phrase

Ex. 2: Savoir effectuer une substitution du groupe sujet.

Ex. 3: Savoir effectuer une réduction du groupe sujet.

Ex. 4: Savoir effectuer un allongement du groupe sujet.

Manipuler le groupe sujet

Je m'entraîne

❶ Dans chaque phrase, souligne le verbe en rouge et écris V en dessous puis souligne le groupe sujet en bleu.

Jérôme joue au ballon dans le jardin.

Demain matin, mon frère partira en voyage.

L'ordinateur de ma mère ne marche plus.

Sur la plage, le vent fouette le visage des promeneurs.

❷ Dans chaque phrase, souligne le verbe en rouge et écris V en dessous, puis souligne le groupe sujet en bleu.
Récris la phrase en remplaçant le groupe sujet par un des groupes de la liste sans changer le sens de la phrase.

la petite fille / ils / nous / elle / le vendeur / maman et sa fille / la grande sœur / Louis / papa et maman

Léa fait un gâteau pour sa petite sœur.

Aujourd'hui, mes parents ne travaillent pas.

❸ Colorie en rouge le verbe et en bleu le groupe sujet.
Réduis le groupe sujet : écris un mot dans chaque cadre.

Le	jeune	chien	noir	saute	sur	le	canapé.
			saute	sur	le	canapé.	
			saute	sur	le	canapé.	
		saute	sur	le	canapé.		
	saute	sur	le	canapé.			

❹ Colorie en rouge le verbe et en bleu le groupe sujet.
Allonge le groupe sujet : écris un mot dans chaque cadre.

Il	crie	fort.			
		crie	fort.		
				crie	fort.

J'écris

❺ Écris ce qui arrive à Léo. Ne répète pas « Léo » pour chaque image.

Le nom

➥ *Il est vivement conseillé de se reporter à la démarche générale, aux pistes pédagogiques et à la fiche guidée proposées dans l'introduction (p. 7), notamment pour la lecture du texte et l'élaboration de la règle qui suivent une mise en œuvre précise.*

Séance 1 : Découverte de la notion

Objectif: Comprendre le rôle d'un nom dans une phrase.

Organisation: Travail collectif et individuel.

Matériel:
– Texte reproduit au tableau en effaçant les mots encadrés.
– Même texte photocopié pour chaque élève. (Annexe 8)
– Les colliers-figurines du nom.
– Étiquettes-mots agrandies ou reproduites sur bande de papier (type rouleau de caisse enregistreuse). (Annexe 8)

[Eliott] [va] [à] [la] [piscine] [Il] [court] [chez] [son] [courir] [arrive] [copain]
[il] [voit] [son] [chien]
[Eliott] [saute] [sur] [son] [vélo]
[il] [voit] [une] [affiche] [dans] [le] [jardin] [saute] [porte]

• Déroulement

1 Lecture et compréhension du texte

Pas de chance !

Tous les mercredis, Eliott va à la [piscine].
Ce matin, il est en retard.
Il court chez son [copain], il voit son [chien] dans le [jardin], mais son copain est déjà parti !
Eliott saute alors sur son [vélo], mais, pas de chance, le pneu est crevé !
Alors il se met à courir très vite. Il arrive enfin tout essoufflé, et il voit une [affiche] sur laquelle il lit : « Aujourd'hui la piscine est fermée. »

N.B. : Les encadrés du texte sont vides dans le texte du CD-Rom.

2 Mise en scène

Première étape

• Distribuer les étiquettes-mots et les faire lire.

• Énoncer le début de la phrase : « *Eliott va à la…* » et demander aux enfants qui possèdent les bonnes étiquettes de venir se placer au tableau.

• Questionner les enfants pour savoir quel renseignement doit donner le mot manquant (dans ce cas : un lieu, un endroit).

• Demander aux élèves qui pensent avoir le mot manquant de venir se placer au bon endroit.

• Faire lire la ou les phrases proposées à haute voix.

• Faire valider par le groupe-classe.
Après validation faire coller l'étiquette du mot dans le texte reproduit au tableau.
Faire relire le texte depuis le début pour vérifier sa cohérence.

• Dire le début de la deuxième phrase ; adopter la même démarche : « *Il court chez son…* »

• Procéder de la même manière pour les phrases suivantes :
– « *Il voit son… dans le…* » ;
– « *Eliott saute sur son…* » ;
– « *Il voit une…* ».

• Faire relire le texte dans son entier puis relire les mots qui ont été rajoutés.
Demander aux enfants qui possédaient ces mots de revenir au tableau, leur redonner leur étiquette. Dire que ces mots s'appellent des **noms**, écrire le mot au tableau.

• Donner à chaque enfant le collier-figurine qui illustre la classe des mots « nom ».
Demander aux enfants de dire ce que désignent ces noms :
piscine → un endroit ; *copain* → une personne ; *chien* → un animal ;
vélo → une chose ; *affiche* → une chose

Deuxième étape

• Demander aux élèves de relire individuellement le texte à trous.
Pendant ce temps, afficher les étiquettes des noms dans le désordre au tableau.

• Demander aux enfants de compléter le texte en écrivant en vert les noms qui manquent.

• Procéder à une correction collective orale.
Faire émerger ce qu'est un nom : c'est un mot qui sert à désigner une chose, un animal, une personne.

Séance 2 : Construction de la notion

Objectifs :
– Identifier un nom.
– Distinguer un nom propre et un nom commun.
– Reconnaître un nom dans une phrase.

Organisation : Travail de recherche en binôme et travail collectif.

Matériel :
– Un jeu d'étiquettes-mots par binôme. (Annexe 8)
– Le même jeu d'étiquettes collectives.
– Une étiquette-phrase par binôme. (Annexe 8)

[chat] [saute] [Valentine] [girafe] [poupée] [araignée] [Victor] [fille] [Paris] [camion]

[mange] [fourchette] [coiffeuse] [boulanger] [France] [crayon] [princesse] [garçon]

[Eliott voit le chien dans le jardin.]

Déroulement

1 Manipulations et recherches

Première étape

• Procéder à un rappel de la séance précédente : « *Comment s'appellent les mots qui désignent une personne, un animal, une chose ?* »

Écrire au tableau « un nom », afficher la petite figurine.

• Distribuer un jeu d'étiquettes pour chaque binôme, les faire découper. Pendant ce temps afficher les étiquettes au tableau.

• Faire lire les mots à haute voix.

• Demander aux enfants de trier les mots en mettant d'un côté tous ceux qui sont des noms et de l'autre ceux qui n'en sont pas.

Après un temps de recherche, mettre en commun : envoyer au tableau des élèves classer les étiquettes agrandies préalablement affichées.

Demander au groupe-classe de valider les propositions en précisant à chaque fois s'il s'agit d'un nom de personne, d'animal ou de chose.

• Au tableau, mettre à l'écart les mots qui ne sont pas des noms. Faire identifier les verbes : *saute / mange*.

Faire relire l'ensemble des noms.

Demander aux élèves de mettre à l'écart sur leur table les noms qui commencent par une majuscule : *Valentine / Victor / Paris / France.*

Envoyer un élève faire le même travail au tableau.

• Faire justifier l'emploi de la majuscule et expliquer aux élèves que ces noms servent à désigner une personne précise, une ville ou un pays. Ils commencent toujours par une majuscule : on les appelle des **noms propres**. Entourer en couleur l'ensemble des étiquettes et écrire au-dessus « Noms propres ».

Faire relire l'ensemble des autres noms.

Dire aux élèves qu'on les appelle des **noms communs,** entourer en couleur l'ensemble des étiquettes et écrire au-dessus « Noms communs ».

• Dans l'ensemble des noms communs, demander aux élèves de trier les noms qui désignent des animaux, des choses, des personnes.

Deuxième étape

• Distribuer la phrase « *Eliott voit le chien dans le jardin.* » à chaque binôme.

• Écrire la phrase au tableau.

• Faire rechercher les noms oralement, les souligner.

• Demander aux enfants de reprendre les étiquettes des noms qu'ils viennent de trier.

• Faire remplacer les noms de la phrase par d'autres noms pour former des phrases différentes en posant les étiquettes dessus.

• Si besoin donner un exemple : « *Eliott voit le chien dans le jardin. → Eliott voit le camion dans le garage.* »

• Laisser un temps de recherche suffisant pour que chaque groupe trouve une nouvelle phrase.
• Faire une mise en commun des productions en affichant au tableau les étiquettes agrandies.
• Laisser un nouveau temps de recherche puis faire une nouvelle mise en commun.
• Procéder de la même manière plusieurs fois pour obtenir une dizaine de phrases.

2 Synthèse et élaboration de la règle

MÉMO

Le nom

Un nom est un mot qui désigne une personne, un animal ou une chose.
Le nom commun est un nom général : *fille, chat, ville, crayon*.
Le nom propre est un nom particulier : *Agathe, Mistou, Paris*. Il commence toujours par une majuscule.

Séances 3 et 4 : Exercices de systématisation et court projet d'écriture

Objectifs : – Mémoriser les notions essentielles.
– Réinvestir ses connaissances dans des exercices d'application.

Organisation : Travail individuel, correction individuelle ou collective.

Matériel : – Photocopies de la fiche élève n° 8 (voir ).
– Cahier d'essai.

Compétences abordées

Ex. 1 : Savoir utiliser des noms pour compléter une phrase.
Ex. 2 : Savoir identifier les noms dans un groupe de mots.
Ex. 3 : Savoir identifier les noms dans une phrase.
Ex. 4 : Savoir distinguer nom propre / nom commun.
Ex. 5 : Savoir distinguer un verbe d'un nom.
Ex. 6 : Comprendre la définition d'un nom.

Le nom

Je m'entraîne

1 Complète le texte suivant avec les noms qui conviennent.

film / Romain / billets / famille / parents / salle / lumière

Ce soir, ... et ses .... vont au cinéma.

En arrivant, papa prend les .... et toute la .... entre

dans la .... Au bout de quelques minutes, la .... s'éteint

et le .... commence.

2 Entoure le nom dans les groupes de mots.

le petit ours	la vieille femme	un jouet cassé	un sapin magnifique
une belle maison	un gentil garçon	un chien méchant	une vieille voiture

3 Souligne les noms dans les phrases.

Paris est la capitale de la France.	Mon frère joue de la guitare.
La chèvre broute dans le pré.	Le maçon construit un mur.

4 Écris pour chaque nom souligné *nom propre* ou *nom commun*.

Ma sœur nage bien. →

Je joue avec Marion. →

Je pars en voyage en Espagne. →

Zoé joue à la poupée. →

5 Dans ces phrases, les mots en gras sont les mêmes. Entoure ceux qui sont des noms.

La voisine **porte** son bébé.	Pierre ferme la **porte**.
Les vaches rentrent à la **ferme**.	Je **ferme** mon livre.
Mon chat m'a griffé la **joue**.	Marie **joue** dans la cour.

6 Écris un nom qui correspond à chaque définition.

Un fruit jaune et acide :

Un ustensile de cuisine qui coupe :

L'endroit où tu dors :

Une personne qui fabrique du pain :

Un véhicule à quatre roues :

J'écris

7 Écris une définition pour chaque nom.

raisin :

éléphant :

chaussures :

natation :

9

Le déterminant

➥ Il est vivement conseillé de se reporter à la démarche générale, aux pistes pédagogiques et à la fiche guidée proposées dans l'introduction (p. 7), notamment pour la lecture du texte et l'élaboration de la règle qui suivent une mise en œuvre précise.

Séance 1 : Découverte de la notion

Objectifs:
- Comprendre le rôle d'un déterminant.
- Identifier dans une phrase le déterminant, le nom et le verbe.

Organisation: Travail collectif et individuel.

Matériel:
- Texte à trous photocopié pour chaque élève. (Annexe 9)
- Même texte reproduit au tableau (en effaçant les déterminants encadrés).
- Colliers-figurines (nom et déterminant).
- Étiquettes-mots. (Annexe 9)

déterminants: [sa] [son] [ta] [une (x 2)] [un] [le] [la] [l'] [ton]

intrus: [il] [elle] [en] [par] [arrive] [sort]

noms: [chambre] [frère] [boîte] [trésor] [bague] [coquillage] [collier] [photo] [guirlande] [oreille] [Chloé]

• Déroulement

1 Lecture et compréhension du texte

Le trésor

Chloé est dans [sa] chambre, elle tient dans ses mains une belle boîte en métal rouge. [Son] frère arrive.

« Qu'est-ce que tu as dans [ta] boîte ? demande-t-il.

– C'est mon trésor !

– Je peux le voir ?

– D'accord, mais tu ne le diras à personne ?

– C'est promis ! dit Maxime

Alors, très fière, Chloé sort de sa boîte :

[une] bague, un bracelet, [un] coquillage, une fève, [le] collier de son chien, [la] photo de son chat, une carte d'anniversaire, [une] guirlande de Noël, [l'] oreille de son lapin en peluche.

– Et où caches-tu [ton] trésor ? demande Maxime.

– Ah ! ça je ne te le dirai pas ! C'est un secret ! » répond Chloé en emportant sa boîte.

N.B.: Les mots encadrés sont remplacés par des cadres vides dans le texte à photocopier.

Demander aux enfants ce que l'on peut comprendre malgré les mots manquants.

2 Mise en scène

Première étape

- Distribuer les étiquettes.
- Demander aux enfants qui ont un nom de le lire à haute voix, les faire venir par groupes de trois au tableau.
- Donner à chacun un collier-figurine.
- Demander aux élèves qui pensent avoir le mot manquant de venir se placer devant le nom.
- Faire lire les différentes propositions.
- Faire valider par le groupe-classe.
- Faire remarquer que plusieurs petits mots peuvent convenir pour un même nom, mais qu'ils ne donnent pas la même information *(«la» chambre / «sa» chambre, «ta» chambre*).

Justifier pour «l'oreille» l'utilisation de «l'» au lieu de «la».

Faire remarquer que ce mot manquant se place toujours devant le nom: c'est un «compagnon du nom».

Dire qu'on l'appelle «le déterminant». Écrire le mot «déterminant» au tableau.

- Donner le collier-figurine à chaque enfant concerné et demander aux deux enfants de chaque couple de se donner la main (déterminant + nom).
- Après validation, coller les étiquettes-déterminants dans le texte du tableau.
- Faire venir trois autres élèves.

Procéder de la même manière pour la suite.

Faire relire le texte dans son entier pour vérifier sa cohérence.

Faire relire les petits mots qui ont été rajoutés.

Rappeler que ces mots s'appellent des **déterminants**.

Faire remarquer que les autres petits mots «il, elle, en, par» ne sont pas des déterminants.

- Énoncer la phrase «*Son frère arrive.*»
- Demander aux élèves qui possèdent les bonnes étiquettes de venir au tableau.
- Faire identifier le verbe, le nom, le déterminant et donner aux élèves les colliers-figurines.
- Procéder de la même manière pour la phrase «*Chloé sort sa boîte.*»

Deuxième étape

- Faire relire individuellement le texte.
- Faire compléter le texte en écrivant en vert les déterminants qui manquent.
- Organiser une correction collective et orale.

Rappeler ce qu'est un déterminant: c'est un petit mot qui se trouve devant le nom et qui l'accompagne.

Séance 2 : Construction de la notion

Objectifs:
- Identifier un déterminant.
- Retenir que devant certains noms les déterminants *le* ou *la* deviennent *l'*.
- Comprendre qu'on ne met pas de déterminant devant un nom propre.

Organisation: Travail de recherche en binôme et travail collectif.

Matériel:
- Colliers-figurines (déterminant, nom).
- Un jeu d'étiquettes par binôme. (Annexe 9)
- Le même jeu d'étiquettes agrandies.

chien	vache	maison	un	ma	il	vélo	Émile	serviette	une	mon	elle
école	sœur	arbre	le	l'	son	Marine	peigne	copain	la	sa	ta

Déroulement

1 Manipulations et recherches

Manipulation

- Procéder à un rappel de la séance précédente: « *Comment s'appellent les petits mots qui se trouvent devant le nom ?* »
- Écrire au tableau « un déterminant », afficher le collier-figurine.
- Afficher le collier-figurine du nom à côté.
- Distribuer un jeu d'étiquettes et les faire lire à haute voix.

Observer que cette liste contient deux sortes de mots: des noms et des déterminants.
- Faire découper les étiquettes.

Pendant ce temps, afficher les étiquettes collectives au tableau.
- Demander aux élèves de placer devant chaque nom un déterminant qui convient.
- Laisser les enfants rechercher puis procéder à une mise en commun au tableau.

Demander de trouver tous les déterminants qui peuvent convenir pour un même mot.

Exemple: *le chien, un chien, mon chien, son chien.*
- Faire observer qu'on ne met pas de déterminant devant un nom propre. Dire qu'on les appelle aussi des « articles ».
- Faire rappeler que devant certains noms les articles *le* ou *la* deviennent *l'*. Expliquer que les articles définis *le* et *la* s'élident (élider = remplacer la voyelle par une apostrophe) lorsqu'ils sont placés devant une voyelle ou un *h* muet: « l'oiseau » (et non > « le oiseau »); « l'artiste » (et non > « le artiste »); « l'histoire » (et non > « la histoire »).

Conseil

Dans les lectures des enfants lors d'autres activités de français, ne pas manquer de faire remarquer les articles élidés ou contractés (lorsque les articles *le* et *les* sont précédés de *à* ou *de*, ils sont remplacés par des articles contractés: « *Nous allons au cinéma.* » (et non > « à le cinéma »).

2 Synthèse et élaboration de la règle

MÉMO

Le déterminant

Un déterminant (ou article) est un petit mot qui accompagne le nom. Exemple: ***ma*** *sœur,* ***un*** *chien,* ***le*** *peigne*.
On ne met pas de déterminant devant un nom propre.
Devant certains noms *le* et *la* se transforment en *l'*. Exemple: *l'école, l'arbre*.
Devant d'autres noms *à* et *le* se transforment en *au*.
Exemple: *Je vais au cinéma*.

Séances 3 et 4 : Exercices de systématisation et court projet d'écriture

Objectifs: – Mémoriser les notions essentielles.
– Réinvestir ses connaissances dans des exercices d'application.

Organisation: Travail individuel, correction individuelle ou collective.

Matériel: – Photocopies de la fiche élève n° 9 (voir).
– Cahier d'essai.

Compétences abordées

Ex. 1, 2, 4: Savoir associer un déterminant à un nom.
Ex. 3: Savoir identifier un déterminant dans un groupe nominal.
Ex. 5 et 6: Savoir associer un nom à un déterminant.
Ex. 7: Savoir identifier les déterminants et les noms d'une phrase.

Le déterminant

Je m'entraîne

1 Complète le texte suivant avec les déterminants qui conviennent.

le / la / l' / un / une / sa / son / des

Quand Agathe va à .... bibliothèque avec .... maman, elle se dirige tout de suite vers .... coin des enfants. Agathe choisit .... album avec .... images. Puis elle s'installe dans .... fauteuil près de sa maman et écoute .... histoire en suçant .... pouce.

2 Barre les déterminants qui ne conviennent pas aux noms.

le la l'	éléphant	mon un une	voisin	un sa l'	avion
une sa le	chaise	ma ta sa	sœur	ton une son	cartable

3 Souligne le nom dans les groupes de mots et entoure le déterminant.

la petite souris	les grands arbres	un gros poisson
une belle princesse	mon gentil chien	l'étoile brillante
ta vieille chaussure trouée	le camion	des stylos rouges

4 Écris devant chaque nom deux déterminants qui peuvent convenir.

.... ordinateur	.... armoire	.... ascenseur
.... balançoire	.... guitare	.... coquillage

5 Trouve trois noms qui peuvent être accompagnés par les déterminants *le* et *un* et quatre noms qui peuvent être accompagnés par les déterminants *la* et *une*.

un .... / *le* ....

un .... / *le* ....

un .... / *le* ....

une .... / *la* ....

une .... / *la* ....

une .... / *la* ....

une .... / *la* ....

6 Souligne en rouge les noms communs et entoure le déterminant qui les accompagne.

Lucie joue dans le salon avec son frère. Ils construisent une tour avec des cubes. La tour est déjà très haute, tout à coup le chien bouscule la tour et... patatras tout s'écroule ! Les enfants sont déçus !

J'écris

7 Sur ton cahier, dresse la liste des objets que tu vois dans la chambre (n'oublie pas les déterminants).

Le genre du nom : féminin ou masculin

➥ *Il est vivement conseillé de se reporter à la démarche générale, aux pistes pédagogiques et à la fiche guidée proposées dans l'introduction (p. 7), notamment pour la lecture du texte et l'élaboration de la règle qui suivent une mise en œuvre précise.*

Séance 1 : Découverte de la notion

Objectifs :
- Repérer les noms féminins et les noms masculins.
- Utiliser les termes *féminin* et *masculin*.
- Comprendre que c'est le déterminant qui détermine le genre du nom.

Organisation : Travail collectif et individuel.

Matériel :
- Collier-figurine (nom).
- Texte photocopié pour chaque élève. (Annexe 10)
- Grandes étiquettes. (Annexe 10)

Village des 2 genres	Rue du masculin	Rue du féminin

• Déroulement

1 Lecture et compréhension du texte

Le village des deux genres

La sorcière Églantine, perchée sur son balai magique, se pose à l'entrée d'un petit village. Elle aperçoit une pancarte : « Village des deux genres ».

« Tiens, se dit-elle, drôle de nom pour un village !

Elle pose son balai contre un mur lorsqu'un garde s'approche d'elle.

– Stop, Madame ! Contrôle ! Cet animal que vous portez sur l'épaule, c'est un chat ou une chatte ?

– C'est Matouvu, mon chat chéri !

– Désolé, Madame, vous ne pouvez pas aller dans la rue du féminin avec votre chat, il faudra le laisser à l'entrée du village, ou bien il ira tout seul dans la rue du masculin.

– Je ne peux pas venir avec lui ? demande Églantine.

– Non,vous êtes une fille, vous devez aller dans la rue du féminin.

– Ce n'est pas possible, je ne quitte jamais mon chat ! répond Églantine désolée.

– Hélas ! Madame, c'est le règlement ; d'ailleurs, pour aller dans la rue du féminin, vous devrez aussi laisser votre balai, votre chapeau, mais vous pourrez garder votre bague et votre écharpe.

– Par le poil au menton de mon cousin Napoléon ! s'écrie Églantine, je n'ai jamais rien vu de pareil ! Quel drôle de village que ce village des deux genres ! »

Afficher au tableau les étiquettes portant le nom du village et le nom des deux rues.

Certains enfants ont peut-être déjà entendu les mots *féminin* et *masculin* et pourront donner un début d'explication au problème d'Églantine.

2 Mise en scène

• Mettre en scène : expliquer que vous êtes le garde du village, demander d'aller chercher dans la classe un objet. Chacun doit prendre un objet différent (crayon, éponge, chaise, règle, stylo, livre, etc.).

• Afficher dans deux endroits distincts de la classe les étiquettes « *Rue du masculin* » et « *Rue du féminin* ».

Appeler les élèves un par un pour qu'ils viennent déposer leur objet dans la rue du masculin ou dans la rue du féminin.

• Faire valider par la classe en justifiant.

Écrire au tableau sur deux colonnes la liste des noms des objets qui sont dans la rue du féminin et celle des objets qui sont dans la rue du masculin. Afficher le collier-figurine illustrant le nom.

• Écrire au tableau « *féminin / femelle / fille* » et « *masculin / mâle / garçon* », faire remarquer les ressemblances.

Faire relire les noms féminins et faire entourer le déterminant en rose puis les noms masculins et entourer le déterminant en bleu.

Dire qu'il existe deux genres : le genre féminin et le genre masculin.

Faire émerger qu'un nom est féminin ou masculin et que c'est le déterminant placé devant le nom qui détermine son genre : c'est le féminin ou le masculin d'un nom.

Conseil

On pourra, à l'occasion de l'apprentissage d'une langue vivante, faire remarquer que dans certaines langues, le genre des noms n'existe pas. Par exemple, en anglais on dit aussi bien « *a cat* » que « *a chair* », ce qui donne lieu à des confusions pour les Anglais parlant français.

Séance 2 : Construction de la notion

Objectifs :
- Retenir que c'est le déterminant qui détermine le genre du nom (féminin ou masculin).
- Repérer que le féminin d'un nom se forme en ajoutant la lettre « *e* » au nom masculin.
- Utiliser les termes *féminin* et *masculin*.
- Comprendre que certains noms peuvent être à la fois féminins ou masculins mais qu'ils n'ont pas alors le même sens.

Organisation : Travail en binôme et collectif.

Matériel :
- Colliers-figurines (nom, déterminant).
- Un jeu d'étiquettes par binôme. (Annexe 10)
- Le même jeu d'étiquettes agrandies.

Première manipulation :

une amie	la neige	une montagne	le vent	une voisine	la lune
un nuage	une tempête	la mer	un ami	un voisin	un orage

Deuxième manipulation :

la moule	le moule	la manche	le manche	la voile	le voile

Déroulement

1 Manipulations et recherches

Première manipulation

• Procéder à un rappel : « *Comment s'appellent les mots qui désignent une personne, un animal, une chose ?* »
Afficher le collier-figurine illustrant le nom.

• Questionner les élèves : « *Les noms peuvent être soit du genre .... soit du genre ....* ».
Rappeler que c'est le déterminant qui indique le genre du nom.

• Afficher le collier-figurine illustrant le déterminant devant celle du nom.

• Distribuer et faire découper les étiquettes.
Pendant ce temps, afficher les grandes étiquettes au tableau.
Faire lire les mots à haute voix.

• Tracer au tableau deux colonnes. Écrire en haut de chaque colonne « Noms féminins / Noms masculins ».
Inviter les élèves à trier les mots en mettant d'un côté de la table les noms féminins et de l'autre les noms masculins.

• Procéder à une mise en commun : envoyer au tableau des élèves classer les étiquettes agrandies préalablement affichées.

• Faire valider par la classe les propositions en faisant préciser à chaque fois s'il s'agit d'un nom féminin ou masculin.

• Dans un second temps, demander de rapprocher les étiquettes « *un voisin / une voisine* », « *un ami / une amie* » et d'observer la différence.

• Inviter un élève à venir entourer la lettre « e ».

• Expliquer que, souvent, pour trouver le nom féminin qui correspond au nom masculin, on ajoute la lettre « e ».

Deuxième manipulation

• Distribuer les 6 étiquettes-mots (*la moule / le moule / la manche / le manche / la voile / le voile).*

Laisser les enfants lire silencieusement et réagir : ce sont les mêmes noms, le déterminant n'est pas le même, c'est *le* ou *la*…

• Distribuer les étiquettes portant les illustrations des six mots.

Laisser les enfants observer et leur demander de coller sous chaque dessin le nom qui lui correspond.

• Corriger collectivement en faisant expliciter chacun des mots :

– « *La manche du vêtement* (à montrer) *est un nom féminin et le manche du balai* (à montrer si nécessaire) *est un nom masculin.* »

– « *La moule qui vit dans la mer dont la coquille est noire et le moule qui sert à cuire des gâteaux.* »

– « *La voile du bateau et le voile de la mariée.* »

2 Synthèse et élaboration de la règle

MÉMO

Le féminin et le masculin

Un nom est au féminin si on peut mettre devant le déterminant ***la*** ou ***une***.
Exemples : *la maison, une voiture*.
Un nom est au masculin si on peut mettre devant le déterminant ***le*** ou ***un***.
Exemples : *le soleil, un chapeau*.
Pour former le féminin d'un nom, on ajoute souvent « **e** », mais il ne s'entend pas à l'oral.

Séances 3 et 4 : Exercices de systématisation et court projet d'écriture

Objectifs: – Mémoriser les notions essentielles.
– Réinvestir ses connaissances dans des exercices d'application.

Organisation: Travail individuel, correction individuelle ou collective.

Matériel: – Photocopies de la fiche élève n° 10 (voir).
– Cahier d'essai.

Compétences abordées

Ex. 1 et 2: Savoir distinguer un nom masculin d'un nom féminin.

Ex. 3 et 4: Savoir changer le genre d'un nom.

Ex. 5: Savoir identifier les déterminants des noms masculins / féminins.

Ex. 6: Écrire un texte au masculin et au féminin.

Le genre du nom : féminin ou masculin

Je m'entraîne

1 Copie ces noms dans la colonne qui convient.

un garçon / une fille / mon frère / ma sœur / une craie / le tableau / un cartable / l'ordinateur / la télévision / une ardoise

Noms masculins	Noms féminins
....	....
....	....
....	....
....	....
....	....

2 Écris derrière chaque nom *féminin* **ou** *masculin*.

l'ordinateur (........................)	l'avion (........................)	l'ours (........................)
l'arbre (........................)	l'orange (........................)	l'âne (........................)
l'année (........................)	l'équipe (........................)	l'odeur (........................)

3 Écris le féminin des noms suivants.

un voisin : ____ le client : ____

un lapin : ____ un ami : ____

mon cousin : ____ un Français : ____

4 Écris le masculin des noms suivants.

une chatte : ____ la chanteuse : ____

une voleuse : ____ la lionne : ____

ma chienne : ____ une nageuse : ____

5 Recopie les déterminants des noms féminins et des noms masculins.

une tarte / le boulanger / la boulangère / mon manteau / ma chemise / ton vélo / ta maison / son chien / sa poupée / ce coq / cette poule / un gâteau

déterminants féminins : ____

déterminants masculins : ____

6 Sur ton cahier, recopie le texte une première fois en choisissant uniquement les noms masculins. Puis écris-le une deuxième fois avec les noms féminins seulement.

Mon frère / Ma sœur met dans sa valisette / son sac :
- sa serviette / son maillot ;
- un ballon / une brosse à cheveux ;
- son short / sa crème solaire ;
- une compote / un gâteau ;
- une bouteille d'eau / un jus de fruit pour le goûter.

Puis elle / il part pour le stade / la plage. ....

1. *Mon frère met dans* ....
2. *Ma sœur met dans* ....

J'écris

7 Sur ton cahier, écris une phrase contenant chacun des mots suivants.

une tour / un tour / le vase / la vase

Le singulier et le pluriel du nom

➥ *Il est vivement conseillé de se reporter à la démarche générale, aux pistes pédagogiques et à la fiche guidée proposées dans l'introduction (p. 7), notamment pour la lecture du texte et l'élaboration de la règle qui suivent une mise en œuvre précise.*

Séance 1 : Découverte de la notion

Objectifs:
- Repérer les noms au singulier et les noms au pluriel.
- Comprendre les termes *singulier* et *pluriel*.
- Comprendre que c'est le déterminant qui indique le singulier ou le pluriel du nom.

Organisation: Travail collectif et individuel.

Matériel:
- Texte photocopié pour chaque élève. (Annexe 11)
- Colliers-figurines (verbe, nom, déterminant).
- Un jeu d'étiquettes collectives reproduites en grand. (Annexe 11)

Je	marque	un	but	cinq	buts	gagne	une

bille	fais	faute	dix	fautes	des	billes

● Déroulement

1 Lecture et compréhension du texte

Quel vantard !

« Moi, j'ai marqué un but au foot ! déclare Simon, fier de lui.
– Pfeuu… c'est nul ! répond Max qui veut toujours être le plus fort. Moi, j'ai marqué cinq buts !
– J'ai aussi gagné une bille ! lui répond Simon.
– Minable ! renchérit Max d'un ton moqueur, moi j'ai gagné six billes !
– Eh bien moi, j'ai fait une faute à ma dictée, ajoute-t-il d'un petit air malin.
– Ah ! oui… eh bien moi, j'ai fait dix fautes… »
Max s'aperçoit trop tard de ce qu'il vient de dire…
Simon et tous ses copains éclatent de rire !

2 Mise en scène

Première étape

• Demander aux élèves de souligner dans leur texte les groupes de mots « un but / cinq buts » puis « une bille / des billes » et « une faute / dix fautes ».

• Distribuer une étiquette à chaque enfant et faire lire silencieusement.

• Annoncer la phrase: «*Je marque un but.*»

Demander aux enfants qui possèdent les étiquettes correspondantes de venir se placer face à la classe.

Faire repérer le verbe «marque» puis le nom «but» et enfin le déterminant qui l'accompagne: «un».

Donner à chaque fois le collier-figurine correspondant.

Faire relire la phrase à haute voix par un élève.

Faire remplacer le déterminant «un» par le déterminant «cinq».

Faire relire à voix haute la nouvelle phrase formée.

Dire aux enfants que cette phrase n'est pas correctement écrite. Faire chercher dans leur texte ce qu'il faut modifier.

Faire tracer en rouge un gros «S» à la fin du mot «but».

• Procéder de la même manière pour les phrases: «*Je gagne une bille / des billes.*», «*Je fais une faute / dix fautes.*»

Deuxième étape

• Tracer deux colonnes au tableau. Écrire dans la colonne de gauche «un but», «une bille», «une faute» et dans la colonne de droite «cinq buts», «des billes», «dix fautes».

• Faire relire et constater que dans la colonne de gauche on parle d'un seul but, d'une seule bille, d'une seule faute.

Écrire en haut de la colonne: «un seul SINGULIER».

Faire relire et constater que dans la colonne de droite on parle de plusieurs buts, plusieurs billes, plusieurs fautes.

Écrire en haut de la colonne: «plusieurs PLURIEL».

un seul SINGULIER	**plusieurs PLURIEL**
un but	cinq buts
une bille	des billes
une faute	dix fautes

• Demander à un élève de venir entourer en rouge le «s» que l'on a rajouté pour écrire le nom au pluriel.

• Donner un dernier exemple: écrire «un cadeau» dans la colonne de gauche, demander aux enfants de trouver le pluriel de ce nom et inviter l'un d'entre d'eux à venir l'écrire au tableau.

• Faire remarquer que, dans ce cas, la marque de pluriel est un «x».

• À ce stade, le groupe-classe, aidé par l'enseignant, fait émerger qu'un nom est singulier ou pluriel et que c'est le déterminant placé devant le nom qui détermine son nombre.

Séance 2 : Construction de la notion

Objectifs:

- Repérer des déterminants au pluriel (*des, les, plusieurs...*) et au singulier (*un, le, mon...*).
- Retenir que le pluriel d'un nom se forme le plus souvent en ajoutant la lettre « s » au nom singulier, mais parfois en ajoutant la lettre « x ».
- Utiliser les termes *singulier* et *pluriel*.

Organisation: Travail de recherche en binôme et collectif puis travail collectif.

Matériel:

- Colliers-figurines (nom et déterminant).
- Une photocopie par binôme des étiquettes. (Annexe 11).
- Reproduction au tableau des deux listes de mots.

crayon | cadeaux | ordinateur | bouteilles | cartable | pantalon | hiboux | papillons | robe | casquette

ton | mon | le | un | des | mes | deux | vingt | plusieurs | la | les | une

Déroulement

1 Manipulations et recherches

Première manipulation

• Faire rappeler que les noms désignent une personne, un animal, une chose.
Afficher le collier-figurine illustrant le nom.

• Faire rappeler que lorsqu'un nom désigne une seule chose ou un seul animal ou une seule personne, on dit qu'il est au singulier. Quand un nom désigne plusieurs choses, plusieurs animaux ou plusieurs personnes, on dit qu'il est au pluriel.
Récrire les mots « SINGULIER » et « PLURIEL ».

• Faire rappeler que c'est le déterminant qui indique le nombre du nom.
Afficher le collier-figurine illustrant le déterminant devant celui du nom.

• Distribuer les feuilles et inviter les élèves à lire les mots à haute voix.
Faire observer et analyser que cette liste contient deux sortes de mots: des noms et des déterminants.

• Faire découper les étiquettes.
Pendant ce temps, reproduire au tableau les deux listes de noms.
Demander aux enfants de placer devant chaque nom un déterminant qui convient.
Insister sur l'importance des marques du pluriel.

• Après un temps de recherche, procéder à une mise en commun: recueillir les différentes propositions des élèves et les écrire devant le nom correspondant.
Demander de trouver tous les déterminants qui peuvent convenir pour un même mot. Exemple: *le / un / mon / ton / crayon*.
Veiller à ce que les élèves utilisent les termes *singulier* et *pluriel*.

Faire entourer en couleur les marques du pluriel (« s » ou « x »).
Faire corriger sur les étiquettes.

Deuxième manipulation

- Faire découper les dix couples déterminants / noms.
- Demander aux enfants de les trier en mettant d'un côté de la table les noms singuliers et de l'autre les noms pluriels.
- Après un temps de recherche, procéder à une correction collective orale.

2 Synthèse et élaboration de la règle

MÉMO

Le singulier et le pluriel

Quand un nom désigne une seule chose ou un seul animal ou une seule personne, on dit qu'il est au **singulier**.
Exemples : *une voiture, mon cahier, le chat.*
Quand un nom désigne plusieurs choses, plusieurs animaux ou plusieurs personnes, on dit qu'il est au **pluriel**.
Exemples : *des ballons, cinq chats, les oiseaux.*
Pour écrire un nom au pluriel, on ajoute le plus souvent un « **s** », parfois un « **x** ».

Séances 3 et 4 : Exercices de systématisation et court projet d'écriture

Objectifs :	– Mémoriser les notions essentielles. – Réinvestir ses connaissances dans des exercices d'application.
Organisation :	Travail individuel, correction individuelle ou collective.
Matériel :	– Photocopies de la fiche élève n° 11 (voir CD). – Cahier d'essai.

Compétences abordées

Ex. 1 et 2 : Savoir distinguer nom singulier / nom pluriel.
Ex. 3 et 4 : Écrire un nom en changeant le nombre.
Ex. 5 : Savoir associer le bon déterminant à un nom.
Ex. 6 : Savoir mettre des noms au pluriel dans une phrase.

Le singulier et le pluriel du nom

Je m'entraîne

1 Copie ces noms dans la colonne qui convient.

des enfants / un garçon / les arbres / mes amis / l'araignée / des châteaux / ton manteau / trois filles / la neige / le soleil

Noms singuliers	Noms pluriels
....	....
....	....
....	....
....	....
....	....

2 Écris derrière chaque nom *singulier* **ou** *pluriel*.

cinq avions (......................) l'ordinateur (......................) un tapis (......................)

mes gants (......................) une orange (......................) des seaux (......................)

des choux (......................) des histoires (......................) des habitants (......................)

3 Écris le pluriel des noms.

ton pantalon : .... un tapis : ....

ta chemise : .... la guitare : ....

un poisson : .... le piéton : ....

4 Écris le singulier des noms.

les salades : .... des légumes : ....

dix carottes : .... deux poireaux : ....

tes tomates : .... les navets : ....

5 Complète en ajoutant un déterminant qui convient devant chaque nom. Tu peux utiliser un même déterminant deux fois.

un / des / deux / une / les / la / quelques / plusieurs

Maman fait .... courses : elle achète .... bouteilles de jus d'orange, ... litre de lait, ... gobelets en carton, ... serviettes en papier, ... poupée, ... carte d'anniversaire.

6 Recopie les phrases en écrivant tous les noms communs au pluriel.

Pierre lit une histoire. → ....

Marie enfile sa chaussette. → ....

Maman achète un pantalon. → ....

J'écris

7 La sorcière prépare ses ingrédients pour transformer un ennemi en hérisson. Elle utilise : trois pattes de lézard, un pétale de tulipe, cinq crottes de hibou, deux gouttes de bave d'escargot...

Continue la liste des ingrédients. Trouves-en deux au singulier et deux au pluriel.
Écris-les sur ton cahier.

12

Les pronoms personnels sujets

➥ *Il est vivement conseillé de se reporter à la démarche générale, aux pistes pédagogiques et à la fiche guidée proposées dans l'introduction (p. 7), notamment pour la lecture du texte et l'élaboration de la règle qui suivent une mise en œuvre précise.*

Séance 1 : Découverte de la notion

Objectifs:
- Retrouver quel groupe nominal sujet est remplacé par un pronom personnel sujet.
- Choisir le pronom personnel sujet.
- Identifier qui parle et de qui on parle dans un texte.

Organisation: Travail collectif et individuel.

Matériel:
- Texte photocopié pour chaque élève. (Annexe 12)
- Une ardoise individuelle.
- Colliers-figurines (verbe, pronom personnel).
- Étiquettes collectives. (Annexe 12)

Elle | raconte | Elles | arrivent | Il | s'échappe | Alice | La petite fille | Le petit garçon

La fillette | Jules | Lisou, Milou et Pilou | Les trois bonnes fées | L'ogre

Gloutonux | Le géant | Le loup | grogne

• Déroulement

1 Lecture et compréhension du texte

Drôle de conteuse !

Alice rentre du cinéma. Elle raconte le dessin animé qu'elle a vu à sa copine Justine.

« Au début, ça fait peur. Il grogne, il veut dévorer Jules, le petit garçon, dit Alice.

– C'est qui « il » ? Un loup ? demande Justine.

– Non, c'est l'ogre géant Gloutonux. Il est horrible : tout vert avec des gros boutons orange. Heureusement, il s'échappe !

– Qui ça, l'ogre ?

– Mais non, Jules, le petit garçon, reprend Alice. Il allait se faire croquer par Gloutonux quand elles sont arrivées.

– C'est qui « elles » ? demande Justine exaspérée.

– Eh bien, les trois bonnes fées : Lisou, Milou et Pilou. Elles détiennent des pouvoirs magiques incroyables ! Il était furieux.

– Jules ?

– Mais non, Gloutonux ! Tu ne comprends rien à l'histoire, dit Alice.

– Je ne comprends peut-être rien à l'histoire, mais toi, qu'est-ce que tu racontes mal ! » rétorque Justine.

2 Mise en scène

Première étape

- Distribuer les étiquettes aux enfants.
- Les laisser lire les mots qu'ils reçoivent.
- Énoncer la phrase : « *Elle raconte.* »

Faire venir au tableau les enfants qui possèdent les étiquettes correspondantes.

Faire identifier le verbe et accrocher le collier-figurine correspondant au cou de l'enfant qui tient l'étiquette « raconte ».

Faire identifier le sujet.

- Dire aux enfants que le petit mot « elle » remplace un nom : on l'appelle un pronom personnel. Donner le collier-figurine correspondant à l'élève. Écrire « Pronom personnel » au tableau.
- Demander aux élèves de chercher parmi leurs étiquettes celles qui peuvent se « mettre à la place » du pronom sujet pour expliquer qui est « elle ».

Les enfants concernés viennent face à la classe.

Veiller à ce qu'ils argumentent leur choix en se rapportant au texte.

Faire lire à voix haute la phrase avec le nouveau sujet.

Faire valider par le groupe-classe.

- Écrire au fur et à mesure les nouvelles phrases au tableau : « *Elle raconte.* »/ « *Alice raconte.* »/ « *La petite fille raconte.* »

Faire souligner, dans chaque phrase, le verbe en rouge et le sujet du verbe en bleu .

- Procéder de la même façon pour les phrases suivantes : « ***Elles** arrivent.* »/ « ***Il** s'échappe.* »/ « ***Il** grogne.* »

Deuxième étape

- Inviter cinq élèves à venir au tableau (garçons et filles).

Organiser un dialogue entre ces cinq élèves, le reste de la classe écrira sur l'ardoise.

Demander à l'un d'eux de faire une phrase pour dire s'il mange à la cantine : « *Je mange à la cantine.* »

Poser la même question à ses quatre camarades.

Faire écrire sur l'ardoise le pronom que les enfants ont utilisé pour parler d'eux.

Envoyer un élève écrire au tableau le pronom « je ».

Dans le groupe de cinq, demander à un élève de s'adresser à un de ses camarades : « *Tu manges à la cantine.* »

Procéder de la même manière en demandant à un des cinq enfants de s'adresser successivement aux autres.

Faire écrire sur l'ardoise le pronom utilisé : « tu ».

- Procéder de la même manière en demandant à l'un des cinq enfants :

– de se mettre à l'écart du groupe, en s'adressant à ses camarades (« vous ») ;
– puis de s'inclure dans le groupe et de s'adresser au reste de la classe (« nous ») ;

– de parler d'un camarade («il»), puis d'une camarade («elle»), puis de ses camarades filles (« elles») et de ses camarades garçons («ils»).

• Expliquer aux enfants que «il» ou «elle» s'écrivent sans «s» quand on parle d'un seul garçon ou d'une seule fille: c'est au singulier. «Ils» ou «elles» s'écrivent avec un «s» quand on parle de plusieurs garçons ou de plusieurs filles: c'est au pluriel.

Faire écrire sur l'ardoise le pronom que l'on va utiliser pour parler d'un groupe mixte (un garçon et une fille).

Expliquer qu'à partir du moment où il y a un garçon dans un groupe, le pronom utilisé est «ils». («*Le masculin l'emporte sur le féminin.*»)

Introduire la notion de vouvoiement (dans ce cas, le pronom «vous» désigne une seule personne).

• Faire relire à voix haute tous les pronoms inscrits au tableau.

• Présenter un autre pronom personnel que l'on utilise souvent: «on».

L'écrire au tableau.

• Faire rappeler qu'on appelle ces mots des pronoms personnels et qu'ils remplacent des noms.

• Si le temps le permet, appeler cinq autres enfants au tableau et renouveler la même démarche en utilisant un autre verbe (*chanter*, *jouer*...).

Séance 2 : Construction de la notion

Objectifs:	– Réduire des groupes sujets. – Remplacer le groupe nominal sujet par un pronom personnel.
Organisation:	Travail de recherche collectif et en binôme puis travail collectif.
Matériel:	– Colliers-figurines (verbe). – Une photocopie des phrases à trous par binôme. (Annexe 12) – Étiquettes géantes des mots affichées au tableau. (Annexe 12)

[L'] [ogre] [vert] [Gloutonux] [dévore] [les] [enfants.]

[Les] [trois] [bonnes] [fées] [Lisou] [Milou] [et] [Pilou] [sauvent] [le] [petit] [garçon.]

Déroulement

1 Manipulations et recherches

• Procéder à un rappel de la séance précédente.

• Distribuer les phrases à trous.

Afficher au tableau les grandes étiquettes-mots pour composer la phrase:

[L'] [ogre] [vert] [Gloutonux] [dévore] [les] [enfants.]

Faire lire à voix haute.

• Inviter sept enfants à venir au tableau, leur distribuer les étiquettes, leur demander de se placer dans l'ordre face à la classe.

Avec le groupe-classe, faire identifier le verbe de cette phrase et donner le collier-figurine à l'enfant concerné.

Puis faire identifier le groupe sujet.

Demander aux enfants qui possèdent les étiquettes «*L' / ogre / vert / Gloutonux*» de se donner la main pour visualiser qu'ils forment un groupe.

Faire compter le nombre de mots du groupe sujet.

• Renvoyer les élèves à leur place et afficher les étiquettes au tableau.

• Organiser une recherche en binôme : sur la feuille, faire récrire le groupe sujet **en le réduisant** sans changer le sens de la phrase.

• Faire la première réduction en commun : *L'ogre vert Gloutonux* dévore les enfants. → *L'ogre Gloutonux dévore les enfants.*

• Demander aux enfants d'écrire la nouvelle phrase dans les cadres correspondants.

• Procéder à une mise en commun en écrivant au tableau les différents groupes sujets trouvés :

→ *L'ogre vert Gloutonux / L'ogre Gloutonux/ L'ogre / Gloutonux*

Faire relire à voix haute chacun des groupes sujets suivi de la suite de la phrase pour mettre en évidence que la phrase reste la même.

• Faire rappeler comment s'appellent les mots qui remplacent les noms.

Demander de chercher dans cette phrase, en binôme, le pronom personnel qui pourrait remplacer le groupe sujet réduit (il) puis envoyer un enfant l'écrire au tableau à la suite de la liste des groupes sujets.

• Procéder de la même façon avec la phrase : «*Les trois bonnes fées Lisou, Milou et Pilou sauvent le petit garçon.*» On peut obtenir : *Les trois bonnes fées Lisou, Milou et Pilou* → *Les trois bonnes fées / Lisou, Milou et Pilou / Les trois fées/Les fées / Elles.*

2 Synthèse et élaboration de la règle

MÉMO

Les pronoms personnels sujets

Je, tu, il, elle, nous, vous, ils, elles et **on** sont des pronoms personnels sujets.
Par exemple : *Je mange à la cantine. / Nous regardons la télévision. / Vous chantez. / On revient.*
Les pronoms personnels sujets se mettent à la place des groupes nominaux sujets.
Par exemple : ***La petite fille*** *raconte le film.* → ***Elle*** *raconte le film.*
L'ogre vert *dévore les enfants.* → ***Il*** *dévore les enfants.*

Séances 3 et 4 : Exercices de systématisation et court projet d'écriture

Objectifs: – Mémoriser les notions essentielles.
– Réinvestir ses connaissances dans des exercices d'application.

Organisation: Travail individuel, correction individuelle ou collective.

Matériel: – Photocopies de la fiche élève n° 12 (voir).
– Cahier d'essai.

Compétences abordées

Ex.1 : Savoir associer un groupe nominal à un pronom personnel.

Ex. 2, 4 et 5 : Savoir retrouver dans une phrase ou dans un texte quelle personne désigne un pronom.

Ex. 3 et 6 : Savoir remplacer des groupes sujets par des pronoms personnels dans une phrase ou dans un texte.

Les pronoms personnels sujets

Je m'entraîne

1 Relie le groupe nominal au pronom qui peut le remplacer.

Le cheval •	
Martin et ses copains •	• il
La petite fille •	• ils
Léa et sa maman •	• elle
La voiture de papi •	• elles
Les chevaux noirs •	

2 Écris le nom qui est remplacé par les pronoms soulignés.

Alex part faire les courses avec sa maman.

Il prend un petit caddie. →

Elle a fait une liste de courses. →

Ils passent en caisse. →

3 Dans chaque phrase, souligne en rouge le verbe et en bleu le groupe sujet. Puis récris la phrase en remplaçant le groupe sujet par un pronom.

Lina saute à la corde.

Les trois enfants jouent au jeu vidéo.

Demain, mes cousins et moi irons au cinéma.

4 Entoure le groupe sujet qui est remplacé par le pronom souligné.

Elles font des châteaux de sable. → La petite fille / Les petites filles

Elle fait un dessin. → La petite fille / Les petites filles

Il va chez le coiffeur. → Léo / Les trois enfants

Ils vont chez le coiffeur. → Léo / Les trois enfants

5 Écris qui désigne le pronom personnel souligné.

– Maman, je veux des bonbons ! dit Lucas.

→ ....

– Certainement pas si tu le demandes comme ça ! répond-elle.

→ ....

– Tu peux m'acheter des bonbons, s'il te plaît… demande de nouveau Lucas.

→ ....

– Cette fois je suis d'accord ! répond maman

→ ....

6 Sur ton cahier, récris ce texte en évitant les répétitions.

La Belle au bois dormant est une princesse.
La Belle au bois dormant a dormi pendant plus de cent ans. Heureusement, la Belle au bois dormant a reçu un baiser d'un prince charmant.
La Belle au bois dormant et son prince charmant ont eu beaucoup d'enfants.

J'écris

7 Elle vit en Afrique.
Elle porte des sabots.
Elle mange des feuilles d'arbres grâce à son long cou.
Tu as deviné, il s'agit... de la girafe !

**À ton tour, choisis un animal. Sur ton cahier, écris une petite description sans écrire son nom : utilise un pronom.
Lis cette devinette à tes camarades.**

13

Accords sujet/verbe

➥ Il est vivement conseillé de se reporter à la démarche générale, aux pistes pédagogiques et à la fiche guidée proposées dans l'introduction (p. 7), notamment pour la lecture du texte et l'élaboration de la règle qui suivent une mise en œuvre précise.

Séance 1 : Découverte de la notion

Objectifs:
- Découvrir que la forme du verbe change en fonction du sujet.
- Repérer que certains changements s'entendent (*Il dort → Ils dorment*) et d'autres ne s'entendent pas mais s'écrivent (*Il gronde → Ils grondent*).

Organisation: Travail collectif et individuel.

Matériel:
- Texte photocopié pour chaque élève. (Annexe 13)
- Colliers-figurines (verbe).
- Jeu d'étiquettes-mots collectives. (Annexe 13)

Martin	et	Samuel	dort	dorment	Le	père	gronde	les	enfants
Les	parents	grondent	sous	la	tente				

● Déroulement

1 Lecture et compréhension du texte

Au camping

Martin et son frère Samuel dorment pour la première fois sous une tente.
Martin, le plus jeune, a un peu peur et ne parvient pas à s'endormir.
« Samuel, tu dors ? demande-t-il
– Oui, je dors, répond son grand-frère.
– Bah non, tu ne dors pas puisque tu parles ! » s'écrie Martin en ricanant.
À ce moment, leur père ouvre la fermeture éclair de la tente, passe la tête et gronde :
« Maintenant, vous vous taisez et vous dormez ! Maman dort, vous allez la réveiller. »

2 Mise en scène

Première étape

- Distribuer les étiquettes aux élèves.
- Énoncer la phrase : « *Martin dort sous la tente.* »

Faire venir au tableau les enfants qui possèdent les étiquettes pour former cette phrase. Demander de lire la phrase à voix haute.

- Faire identifier le verbe de cette phrase. Utiliser la forme négative.

Donner le collier-figurine à l'élève concerné.
Puis faire identifier le sujet (avec les questions habituelles).
Proposer de remplacer le sujet « Martin » par « Martin et Samuel ».
Faire venir au tableau les enfants qui possèdent les étiquettes « et » et « Samuel » et leur demander de se placer dans la phrase.
Faire lire à voix haute la nouvelle phrase : « *Martin et Samuel dort sous la tente.* »

• Laisser les enfants observer cette nouvelle phrase et trouver ce qui ne va pas, puis leur demander de corriger la phrase oralement.
Appeler l'élève qui possède l'étiquette du verbe « dorment ».
Faire relire la phrase correcte.

• Écrire au tableau les deux phrases.
Demander à un élève de venir souligner le verbe en rouge et d'écrire V en dessous et à un autre de venir souligner les groupes sujets « Martin » et « Martin et Samuel » en bleu.
Écrire « Sujet du verbe » en dessous.
Faire relire les deux phrases à voix haute et faire remarquer que le changement de verbe s'entend (« dort / dorment »).
Amener à observer qu'en changeant le sujet, on change la forme du verbe. On dit que le verbe s'accorde avec son sujet.

• Énoncer une deuxième phrase : « *Le père gronde les enfants.* »
Utiliser la même démarche en remplaçant le sujet « Le père » par « Les parents ».
Faire relire les deux phrases à voix haute et faire remarquer que le changement de verbe ne s'entend pas mais se voit à l'écrit (« gronde / grondent »).

• Faire entourer la terminaison « -ent » et préciser que les lettres ne font pas entendre le son [ã].

Amener à la conclusion que lorsque le sujet change, le verbe change. Certains changements s'entendent (*L'enfant dort* → *Les enfants dorment*), d'autres ne s'entendent pas mais se voient (*Il gronde* → *Les parents grondent*).

Séance 2 : Construction de la notion

Objectifs :
- Comprendre que le verbe s'accorde avec son sujet.
- Connaître les transformations des verbes les plus courantes.

Organisation : Travail en binôme et collectif.

Matériel :
- Une photocopie de la fiche (groupes de mots) par binôme. (Annexe 13)
- Les groupes de mots reproduits sur des bandes de papier type rouleau de caisse enregistreuse et affichées au tableau. (Annexe 13)

Sujets : [Le petit chat] [Mon chat et mon chien] [Mon frère et moi] [Je] [Vous] [Lola et Marine] [Lola]

Verbes: [dorment sur le tapis.] [jouons au loup.] [jouez de la flûte.] [dort dans son panier.] [partent demain en vacances.] [suis chez mes grands-parents.] [par chez sa copine.]

Déroulement

1 Manipulations et recherches

• Procéder à un rappel de la séance précédente.

• Distribuer la feuille annexe à chaque binôme et laisser les enfants lire silencieusement avant qu'ils ne découpent les étiquettes groupes sujets et groupes du verbe.

• Pendant ce temps, afficher les groupes au tableau en deux colonnes (sujets / verbes).

Les faire lire à haute voix.

Faire associer chaque groupe sujet au groupe du verbe qui lui convient. Préciser qu'il n'y a qu'une seule solution pour chaque groupe sujet.

Après un temps de recherche en binôme, procéder à une mise en commun à l'aide des grandes étiquettes: faire lire la première phrase à haute voix et inviter un élève à venir au tableau afficher sa proposition.

Pour corriger:

– laisser ressortir la pratique langagière usuelle ;

– faire préciser le nombre du sujet: «*Lola* (toute seule) *part chez sa copine.*», mais «*Lola et Marine partent demain en vacances.*»

Pour valider, penser à remplacer un groupe sujet par un pronom (exemple: «*Mon frère et moi jouons.*» car on peut dire «*Nous jouons.*»).

• Procéder de la même manière pour les autres phrases.

• Pour les changements qui ne s'entendent pas, faire observer et entourer les marques de l'écrit («-ent»).

• Faire conclure que le sujet et le verbe vont ensemble : on dit qu'ils s'accordent.

2 Synthèse et élaboration de la règle

MÉMO

L'accord du verbe avec son sujet

C'est le sujet qui «commande» le verbe. Lorsque le sujet change, la forme du verbe change.
On dit que **le verbe s'accorde avec son sujet**.
Exemple: *Martin dort.* → *Martin et son frère dor**ment**.*

L'accord du verbe avec son sujet peut s'entendre quand on parle:
Exemple: *J'**ai** un livre.* → *Vous **avez** un livre.*
Ou ne pas s'entendre mais s'écrire:
Exemple: *Papa chant**e**.* → *Papa et maman chant**ent**.*

Séances 3 et 4 : Exercices de systématisation et court projet d'écriture

Objectifs:
- Mémoriser les notions essentielles.
- Réinvestir ses connaissances dans des exercices d'application.

Organisation: Travail individuel, correction individuelle ou collective.

Matériel:
- Photocopies de la fiche élève n° 13 (voir).
- Cahier d'essai.

Compétences abordées

Ex. 1 et 3: Savoir trouver un sujet correspondant à une forme verbale.

Ex. 2: Savoir trouver une forme verbale qui s'accorde avec un sujet.

Ex. 4 et 5: Savoir transformer des phrases et effectuer l'accord sujet/verbe.

Accords sujet/verbe

Je m'entraîne

1 Relie chaque sujet à son verbe. Attention aux accords.

Je •	• aime lire.
Joséphine •	• aiment jardiner.
Mes grands-parents •	• adore les dauphins.
Nous •	• chantons tous les soirs.
Ma sœur •	• suis bronzé.

2 Entoure la forme du verbe qui convient et recopie la phrase.

Anna portons / porte / portent la valise.

Anna et Jeanne porte / portez / portent la valise.

Ma sœur et moi va / allons / vont prendre l'avion.

3 Complète chaque phrase avec le sujet qui convient.

Rose / Rose et sa maman / il / ils

.... fait ses devoirs.

.... partent en vacances aujourd'hui.

.... achètent des fruits au marché.

.... plante des bulbes de tulipe.

4 Dans chaque phrase, souligne en rouge le verbe et en bleu son sujet. Puis récris ce texte en mettant les sujets au pluriel.

Le chien aboie. →

Le chat miaule. →

Le mouton bêle. →

5 Récris chaque phrase avec son nouveau sujet.

Sacha saute du plongeoir de la piscine.

Sacha et Léo

Nous aimons les bonbons.

Marine

Mes copains jouent au football.

Mon copain

J'écris

6 Tu viens de déménager et tu reçois du courrier d'une ancienne amie. Réponds à cette lettre.

Coucou,
Comment vas-tu ? Est-ce que ta nouvelle ville te plaît ?
Comment s'appelle ta nouvelle maîtresse ?
Je fête bientôt mon anniversaire et je vous invite ton frère et toi. Pouvez-vous venir ?
Gros bisous, à bientôt.
Emeline

Conjuguer les verbes en *-er* au présent

➥ *Il est vivement conseillé de se reporter à la démarche générale, aux pistes pédagogiques et à la fiche guidée proposées dans l'introduction (p. 7), notamment pour la lecture du texte et l'élaboration de la règle qui suivent une mise en œuvre précise.*

Séance 1 : Découverte de la notion

Objectifs:
- Comprendre ce que signifie conjuguer un verbe.
- Distinguer la partie fixe (radical) de la terminaison d'un verbe.
- Mettre en évidence les terminaisons des verbes en *-er* conjugués au présent.

Organisation: Travail collectif et individuel.

Matériel:
- Texte photocopié pour chaque élève. (Annexe 14)
- Une feuille ou cahier de brouillon individuel.
- Une ardoise individuelle, un feutre, un chiffon.
- Colliers-figurines (verbe et pronom personnel).
- Jeu d'étiquettes-mots collectives. (Annexe 14)

Je	Tu	Il	Nous	Vous	Ils	Elle	Elles
joue	joues	joues	joue	jouons	jouez	jouent	

• Déroulement

1 Lecture et compréhension du texte

La partie de foot

« Je joue au foot, tu joues avec moi ? demande Samuel à son grand frère Olivier.

– D'accord ! Fais-moi une passe, répond Olivier.

– Oh non… gémit Samuel qui aperçoit sa petite voisine. Regarde, Amélie arrive, elle va encore vouloir jouer avec nous et elle joue trop mal !

– Normal, c'est une fille ! ajoute Olivier.

Leur maman s'approche :

– Qu'est-ce que j'entends ? Les filles jouent mal au football ? C'est ce que nous allons voir ! Moi aussi je joue ! Vous les garçons, vous jouez ensemble et nous, les filles, nous jouons contre vous. La partie est commencée !

– À l'attaque ! » dit Maman en se précipitant vers le ballon.

Organiser une lecture dialoguée avec trois acteurs et un narrateur.

2 Mise en scène

Première étape

• Demander aux élèves à quel temps est écrit ce texte, l'écrire en haut du tableau.

• Faire sortir les ardoises.

• Demander à un enfant de jouer le rôle de Samuel. Il dit: «***Je joue** au football.*»
Faire chercher sur l'ardoise l'écriture de «Je joue».
Relever les différentes propositions en montrant les ardoises à la classe.
Faire valider en éliminant d'abord les propositions phonétiquement incorrectes, puis en faisant chercher la bonne orthographe dans le texte (*je joues / je jouent / je joue*).
Écrire au tableau la forme verbale corrigée.

• Adopter la même démarche en faisant changer le pronom personnel (4 rôles à attribuer):
– un autre enfant joue le rôle du frère, Samuel s'adresse à lui et dit: «***Tu joues** au foot.*» ;
– Samuel dit en parlant d'Amélie: «*Elle joue mal.*» ;
– les garçons disent des filles: «*Elles jouent mal.*» ;
– la maman dit aux garçons: «*Vous jouez ensemble.*» ;
– la maman dit à Amélie: «*Nous jouons ensemble.*».

• Faire relire à haute voix la conjugaison complète du verbe.
Faire remarquer que les changements du verbe conjugué ne s'entendent pas toujours mais qu'ils se voient à l'écrit. Exemple: *joue / joues / jouent.*
Demander de trouver l'infinitif du verbe et l'écrire en haut du tableau.
Faire entourer en rouge l'ensemble des formes verbales puis faire entourer en bleu l'ensemble des pronoms sujets. Afficher les colliers-figurines correspondants.

Deuxième étape

• Distribuer les étiquettes.
Faire venir au tableau les élèves pour former les trois formes verbales «Je joue, Tu joues, Il ou Elle joue».
Le groupe-classe valide la bonne orthographe.

• Faire retrouver dans les différentes formes du verbe reproduites sur les étiquettes la partie commune (le morceau de mot qui ne change pas), puis faire apparaître la partie de mot «jou» en faisant cacher par un élève la partie du verbe qui change.

• Demander aux élèves de couper l'étiquette pour séparer les deux parties du verbe: «*jou ... e / jou ... es / jou ... e*». Chaque enfant tient d'une main le radical et de l'autre la terminaison.

• Écrire «jouer» au tableau et encadrer cette partie de mot dans le verbe à l'infinitif: [jou]er.

• Afficher au tableau les morceaux d'étiquettes: pronom | radical | terminaison.

pronom	radical	terminaison
Je	jou	e
Tu	jou	es
Il	jou	e

• Appeler les six autres élèves et procéder de la même manière pour les personnes du pluriel (Nous / Vous / Ils ou Elles).

• Faire découvrir que pour trouver la partie qui ne change pas, on prend l'infinitif du verbe et on retire « *-er* ».

• La partie qui change et qui termine le verbe s'appelle « la terminaison ».

• Faire entourer les terminaisons en rouge au tableau et les faire relire.

Troisième étape

• Expliquer que la conjugaison du verbe *jouer* servira de modèle : tous les verbes se terminant par *-er* se conjuguent de la même façon.

• Faire écrire l'infinitif « chanter » sur l'ardoise.

Envoyer un élève l'écrire au tableau.

Faire entourer la terminaison *-er* du verbe.

Écrire le radical « chant » au tableau puis le pronom « je » devant le radical du verbe.

• Demander aux élèves d'écrire sur leur ardoise « je chant » en ajoutant la terminaison manquante.

• Faire relever les différentes propositions en montrant les ardoises à la classe et faire valider la bonne forme verbale en se reportant au tableau de conjugaison du verbe *jouer* établi à l'étape précédente.

En cas d'erreur, faire récrire immédiatement la forme correcte.

Écrire au tableau : « je chante ».

• Procéder de la même façon en changeant à chaque fois de pronom personnel.

• Faire relire le verbe *chanter* conjugué en entier en épelant la terminaison : « je chante *-e*, tu chantes *-es*, il chante *-e* », etc.

Séance 2 : Construction de la notion

Objectifs :
- Conjuguer les verbes en *-er* au présent.
- En mémoriser les terminaisons.

Organisation : Travail de recherche en binôme et collectif puis travail collectif.

Matériel :
- Une photocopie par binôme du tableau et des étiquettes à découper pour le compléter. (Annexe 14)
- Le même jeu d'étiquettes reproduites en grand pour la correction au tableau.
- Reproduction au tableau des tableaux de conjugaison incomplets.

Sauter		Parler		Manger	
Je		Je		Je	
Tu		Tu		Tu	
Il / Elle		Il / Elle		Il / Elle	
Nous		Nous		Nous	
Vous		Vous		Vous	
Ils / Elles		Ils / Elles		Ils / Elles	

sautes | saute | sautent | sautons | sauter | sautez | parlent | parles | parler | parle

saute | parlons | parle | parlez | parlerez | mange | manges | mangent | mangons

mangeons | mangez | mange

Déroulement

1 Manipulations et recherches

• Procéder à un rappel de la séance précédente (signification de conjuguer un verbe, la partie fixe et ce qui change : les terminaisons).

• Distribuer à chaque binôme la photocopie du tableau et des étiquettes et la faire lire silencieusement.

• Faire analyser le tableau collectivement :

– Repérer les verbes à l'infinitif (« sauter / parler / manger »).

– Remarquer que les trois verbes se terminent par *-er* comme « jouer » et « chanter » et faire entourer en couleur « *er* ».

– Rappeler que les verbes sont conjugués au présent et qu'ils indiquent ce qui se passe en ce moment.

– Lire à haute voix les pronoms de conjugaison.

• Faire découper les étiquettes en bas de la page. La fiche annexe contient le tableau et, en bas de page, les étiquettes à découper pour le compléter.

• Demander aux enfants de compléter ce tableau en trouvant les formes manquantes et en collant les étiquettes. Prévenir que certaines étiquettes sont inutiles.

Après un temps de recherche en binôme, procéder à une mise en commun avec les étiquettes géantes préalablement affichées au tableau.

Le groupe-classe valide en faisant référence au tableau de conjugaison affiché.

• Faire relire verticalement à haute voix la conjugaison du verbe *sauter* au présent, puis du verbe *parler* au présent, et enfin du verbe *manger* au présent en faisant épeler les terminaisons. Exemple : « je parle *-e*, tu parles *-es* », etc.

• Faire relire horizontalement : « je saute *-e*, je parle *-e*, je mange *-e*, tu sautes *-es*, tu parles *-es*, tu manges *-es* », etc.

2 Synthèse et élaboration de la règle

MÉMO

Les verbes en -*er* au présent

Lorsque le sujet change, la terminaison (la fin) du verbe change : on parle de conjugaison.

CHANTER

Je chant**e**
Tu chant**es**
Il / Elle chant**e**
Nous chant**ons**
Vous chant**ez**
Ils / Elles chant**ent**.

Séances 3 et 4 : Exercices de systématisation et court projet d'écriture

Objectifs:
- Mémoriser les notions essentielles.
- Réinvestir ses connaissances dans des exercices d'application.

Organisation: Travail individuel, correction individuelle ou collective.

Matériel:
- Photocopies de la fiche élève n° 14 (voir).
- Cahier d'essai.

Compétences abordées

Ex. 1: Savoir associer un sujet à une forme verbale au présent.
Ex. 2: Au présent de l'indicatif, savoir trouver l'accord du verbe en fonction d'un sujet.
Ex. 3: Savoir trouver le pronom qui s'accorde avec une forme verbale.
Ex. 4: Savoir trouver la forme verbale qui s'accorde avec le sujet.
Ex. 5: Savoir transformer des phrases et effectuer l'accord sujet / verbe au présent.

Conjuguer les verbes en *-er* au présent

Je m'entraîne

1 Relie chaque sujet à son verbe. Attention aux accords.

Je •	• dansez très bien !
Marion •	• range la bibliothèque.
Mes parents •	• marchent beaucoup.
Vous •	• nageons tous les mercredis.
Nous •	• chantes faux.
Tu •	• mange un sandwich.

2 Entoure la forme du verbe qui convient et récris la phrase.

Camille gonfles / gonflent / gonfle ses pneus de vélo.

Nous étalent / étalons / étales la peinture sur le mur.

Les enfants ramasse / ramasses / ramassent des coquillages.

3 Complète chaque phrase avec le pronom personnel qui convient.

.... regardes par la fenêtre.

.... rangent la salle de classe.

.... achètent des bonbons.

.... aimez lire des contes.

.... marchez très vite.

.... jouons au basket.

.... coupe les cheveux de ta sœur.

.... écoutes les bruits de la rue.

4 Complète les phrases en conjuguant le verbe écrit entre parenthèses.

Vous .... (chanter) tout le temps.

Ma maman et moi .... (préparer) un gâteau.

Ils .... (acheter) des fruits au marché.

Je .... (manger) beaucoup de bonbons.

Léa .... (danser) depuis qu'elle a trois ans.

Tu .... (parler) fort !

5 Récris les phrases en changeant de sujet.

Léo crève le ballon.

Léo et Marie ______

Nous préparons un dessert.

Tu ______

Vous aspergez d'eau les fleurs.

Nous ______

Les enfants rentrent dans la classe.

L'enfant ______

J'écris

6 Sur ton cahier, réponds à chaque question en faisant une phrase. Fais lire tes réponses à un camarade de ta classe pour que les autres élèves essaient de deviner qu'il s'agit de toi.

1. Par quelle lettre commence ton prénom ?
2. Quels vêtements portes-tu ?
3. Quel sport pratiques-tu ?
4. Dans quelle ville habitez-vous tes parents et toi ?
5. Comment s'appellent tes parents ?

Conjuguer les verbes *être* et *avoir* au présent

➥ *Il est vivement conseillé de se reporter à la démarche générale, aux pistes pédagogiques et à la fiche guidée proposées dans l'introduction (p. 7), notamment pour la lecture du texte et l'élaboration de la règle qui suivent une mise en œuvre précise.*

Séance 1 : Découverte de la notion

Objectif :	Identifier les formes verbales des verbes *être* et *avoir* dans une phrase.
Organisation :	Travail collectif.
Matériel :	– Texte photocopié pour chaque élève. (Annexe 15) – Colliers-figurines (verbe). – Un crayon rouge par élève. – Étiquettes-mots pour manipulation collective. (Annexe 15)

Marie | est | en | retard | Tous | ses | camarades | sont | assis

La | maîtresse | est | au | tableau | La | directrice | est | gentille

La | petite | fille | a | peur | Elle | a | les | larmes | aux | yeux

• Déroulement

1 Lecture et compréhension du texte

En retard…

Ce matin, Marie est en retard à l'école. Tous ses camarades sont déjà assis à leur place. Marie n'ose pas frapper à la porte, elle a peur de se faire gronder.
La petite fille a les larmes aux yeux, elle attend devant la porte.
La maîtresse est au tableau.
Heureusement, à ce moment, la directrice passe dans le couloir, elle aperçoit Marie. La directrice est gentille, elle ouvre la porte de la classe et fait entrer la petite fille.
Marie est toute rouge, elle s'excuse et va vite s'asseoir à sa place.

2 Mise en scène

• Distribuer les étiquettes-mots et les faire lire aux enfants.

• Énoncer la phrase « *Marie est en retard.* » et faire venir au tableau les enfants qui possèdent les bonnes étiquettes pour former la phrase.

• Faire rappeler ce qu'est un verbe – un mot qui exprime le plus souvent une action – et demander aux élèves de donner des exemples.

• Faire identifier le verbe de la phrase en utilisant la forme négative : « *Marie n'est pas en retard.* »

Donner un collier-figurine à l'élève portant le verbe puis faire identifier le sujet.

Demander aux enfants s'il est possible de mimer le verbe.

Faire remarquer que le verbe « est » n'exprime pas une action mais un « état », il explique comment est Marie.

Donner l'infinitif du verbe et l'écrire au tableau : *être.*

• Utiliser la même démarche pour les phrases suivantes :

« *Tous ses camarades sont assis.* » / « *La maîtresse est au tableau.* » / « *La directrice est gentille.* »

Faire relire dans le texte les quatre phrases travaillées, faire entourer le verbe *être* conjugué et écrire au-dessus qu'il s'agit du verbe *être.*

• Utiliser la même démarche pour les phrases suivantes :

« *La petite fille a peur.* » / « *Elle a les larmes aux yeux.* »

Faire relire dans le texte les deux phrases travaillées, faire entourer le verbe *avoir* conjugué et écrire au-dessus qu'il s'agit du verbe *avoir.*

• Faire émerger qu'il existe des verbes qui n'expriment pas des actions. Ceux que l'on utilise le plus sont les verbes *être* et *avoir*.

Séance 2 : Construction de la notion

Objectif : Conjuguer oralement et par écrit les verbes *être* et *avoir* au présent de l'indicatif.

Organisation : Travail en binôme puis collectif.

Matériel :
- Texte « *En retard…* » déjà étudié dans la séance 1. (Annexe 15)
- Un jeu d'étiquettes-verbes par binôme. (Annexe 15)
- Deux tableaux à compléter reproduits sur une feuille A4. (Annexe 15)

Verbes : ai | as | a | avons | avez | ont | suis | es | est | sommes | êtes | sont

Être		
Marie	est	en retard.
Je		en retard.
Tu		en retard.
Il ou Elle		en retard.
Nous		en retard.
Vous		en retard.
Ils ou Elles		en retard.

Avoir		
La petite fille	a	peur.
J'		peur.
Tu		peur.
Il ou Elle		peur.
Nous		peur.
Vous		peur.
Ils ou Elles		peur.

Déroulement

1 Manipulations et recherches

• Faire relire le texte « *En retard...* ».

• Demander aux élèves à quel moment se passe l'histoire (au présent), leur faire justifier leur réponse en donnant le connecteur temporel « Ce matin ».

• Écrire au tableau les phrases « *Marie est en retard.* » / « *La petite fille a peur.* »

Faire identifier les verbes, les faire souligner en rouge et faire écrire V au-dessus.

Faire rappeler les infinitifs de « est » et « a ».

Écrire au tableau sur deux colonnes « verbe *être* » et « verbe *avoir* ».

• Distribuer les tableaux de conjugaison vierges. Faire découper les étiquettes.

Pendant ce temps, reproduire au tableau les deux tableaux de conjugaison à compléter (*être* et *avoir*).

Verbe être

• Faire relire la première phrase « *Marie est en retard.* »

• Demander aux enfants répartis en binômes de transformer la phrase pour parler de soi (« *Je suis en retard.* »).

Faire répéter la phrase oralement et demander aux élèves de l'écrire en collant leurs étiquettes dans le tableau.

Organiser une correction immédiate : écrire la phrase au tableau dans la colonne du verbe *être*.

Faire rappeler que « je » est un pronom personnel.

• Demander alors aux enfants de compléter le reste du tableau en associant la forme du verbe *être* à chaque pronom personnel.

Laisser les enfants rechercher, circuler dans les groupes pour voir et écouter ce qui pose problème et apporter une aide si nécessaire.

• Procéder à une mise en commun : recueillir les différentes propositions des élèves et compléter le tableau de conjugaison.

Faire contrôler l'orthographe en utilisant le texte (*es / est, a / as*).

Lorsque le travail est terminé, dire aux enfants qu'ils viennent de « conjuguer le verbe *être* au présent ». On obtient :

Être		
Marie	est	en retard.
Je	suis	en retard.
Tu	es	en retard.
Il ou Elle	est	en retard.
Nous	sommes	en retard.
Vous	êtes	en retard.
Ils ou Elles	sont	en retard.

***Verbe* avoir**

• Demander aux enfants de faire le même travail avec la phrase «*La petite fille a peur.*», c'est-à-dire de conjuguer le verbe *avoir* au présent.

• Adopter la même démarche que pour le verbe *être*.

À la fin de la manipulation, on obtient le tableau:

Avoir		
La petite fille	a	peur.
J'	ai	peur.
Tu	as	peur.
Il ou Elle	a	peur.
Nous	avons	peur.
Vous	avez	peur.
Ils ou Elles	ont	peur.

• Faire relire par plusieurs élèves les verbes *être* et *avoir* conjugués au présent.

• Faire remarquer les similitudes: «tu es / tu as» avec la présence de la lettre «s» et «ils sont / ils ont» avec la présence de la lettre «t».

2 Synthèse et élaboration de la règle

MÉMO

Le présent

Verbe *avoir* conjugué au présent	**Verbe *être* conjugué au présent**
J'ai	Je suis
Tu as	Tu es
Il ou Elle a	Il ou Elle est
Nous avons	Nous sommes
Vous avez	Vous êtes
Ils ou Elles ont	Ils ou Elles sont

Séances 3 et 4 : Exercices de systématisation et court projet d'écriture

Objectifs: – Mémoriser les notions essentielles.
– Réinvestir ses connaissances dans des exercices d'application.

Organisation: Travail individuel, correction individuelle ou collective.

Matériel: – Photocopies de la fiche élève n° 15 (voir).
– Cahier d'essai.

Compétences abordées

Ex. 1: Savoir trouver le pronom personnel sujet qui s'accorde avec les verbes conjugués.

Ex. 2, 3 et 4: Connaître et utiliser les formes conjuguées des verbes *être* et *avoir*.

Ex. 5 et 6: Savoir transformer des phrases en accordant le sujet et sa forme verbale.

Les verbes *être* et *avoir* au présent

Je m'entraîne

1 Complète les phrases avec le pronom personnel qui convient.

.... ai mal à la tête.

.... suis souvent malade.

.... est en retard.

.... sommes en vacances.

.... avez sûrement raison.

.... ont une grande maison.

.... as une jolie robe.

.... avons un exercice à faire.

.... êtes en retard.

.... a huit ans.

.... es trop bavard.

2 Complète les phrases en conjuguant le verbe écrit entre parenthèses.

Nous .... (être) amis avec les voisins.

Ils .... (être) charmants.

Ils .... (avoir) un petit chien.

Il .... (avoir) toujours faim.

Il .... (être) très gourmand.

Nous .... (avoir) une nouvelle maîtresse.

3 Complète avec *a / as / es / est.*

Mon grand-père .... fatigué. Il .... très âgé. Il .... mal au dos.

Tu .... en bonne santé. Tu .... bonne mine.

Ma sœur .... les yeux bleus. Elle .... des nattes. Elle .... jolie.

Tu .... les mains sales.

4 Relie d'un trait le sujet et le verbe qui correspondent.

Elle •	• as	
Vous •	• a	peur.
Tu •	• avez	
Tu •	• sont	
Mes parents •	• est	en retard.
Mon frère •	• es	

5 Récris les phrases avec le nouveau pronom personnel singulier.

Vous avez envie de rire. → Tu

Nous sommes dans le train. → Je

J'ai un chat noir. → Nous

Tu es chez le coiffeur. → Vous

6 Récris les phrases en changeant de sujet.

Gaston est de bonne humeur.

Gaston et Félix

Le loup a de grands crocs.

Les loups

Mes frères sont absents.

Mon frère

J'écris

7 Sur ton cahier, écris une phrase pour répondre à chaque question. Utilise les verbes *être* et *avoir*.

Quel âge as-tu ?

Où es-tu en ce moment ?

En quelle classe es-tu ?

Où sont tes parents ?

Avez-vous un animal ?

Quelle heure est-il ?

L'adjectif qualificatif

➥ *Il est vivement conseillé de se reporter à la démarche générale, aux pistes pédagogiques et à la fiche guidée proposées dans l'introduction (p. 7), notamment pour la lecture du texte et l'élaboration de la règle qui suivent une mise en œuvre précise.*

Séance 1 : Découverte de la notion

Objectifs:
- Connaître le terme « adjectif ».
- Comprendre le rôle d'un adjectif qualificatif.

Organisation: Travail collectif et individuel.

Matériel:
- Texte photocopié pour chaque élève. (CD Annexe 16)
- Colliers-figurines (déterminant, nom, adjectif).
- Un jeu d'étiquettes-mots pour affichage au tableau. (CD Annexe 16)

12 adjectifs :

[crochues] [longue] [verte] [jaune] [grosse] [affreuse] [brillants]
[grandes] [pointues] [énorme] [grandes] [noires]

8 noms :

[griffes] [queue] [tête] [yeux] [bave] [dents] [ventre] [ailes]

6 déterminants :

[des] [une] [trois] [la] [un] [deux]

• Déroulement

1 Lecture et compréhension du texte

Le monstre du placard

« Chez mon copain Pierre, il y a un [énorme] monstre caché dans le placard ! explique Bruno à sa petite sœur Clara.

– Maman dit que les monstres, ça n'existe pas !

– Si ! je l'ai vu… Il a six pattes avec des griffes [crochues], une [longue] queue [verte]…

– Et sa tête, elle est comment ? demande Clara.

– Il a une [grosse] tête [affreuse] avec trois yeux [brillants] et des [grandes] dents [pointues], il crache de la bave [jaune]…

– Et son ventre ?

– Il a un [gros] ventre, et sur le dos il a deux [grandes] ailes [noires]…

Alors, tu veux toujours venir avec moi chez Pierre ? » demande Bruno.

N.B. : Les mots encadrés dans le texte ci-dessus sont effacés dans le texte du CD-Rom.

• Faire lire silencieusement le texte à trous.
Pendant ce temps, écrire au tableau :

« Il a six pattes avec des griffes .... / une .... queue .... / une .... tête .... / des yeux .... / des .... dents .... / de la bave .... / un .... ventre / deux .... ailes .... »

• Faire lire à haute voix le texte par un ou deux élèves.
Laisser réagir les enfants.
Demander aux enfants ce que l'on peut comprendre malgré les mots manquants.

2 Mise en scène

Première étape

• Distribuer les étiquettes aux enfants. Certains reçoivent des noms, d'autres des déterminants, d'autres des adjectifs.

• Faire venir au tableau l'enfant qui possède le mot « des ».

• Demander à l'enfant qui possède le mot « griffes » de venir se placer à côté.

• Faire rappeler que « des » est un déterminant et que « griffes » est un nom, puis donner les colliers-figurines correspondants.

• Demander aux élèves qui pensent avoir le mot qui manque de venir se placer au bon endroit.

• Recueillir les différentes propositions et faire lire à chaque fois : « *des griffes* ***crochues, noires, pointues***... »

Demander au groupe-classe de valider et d'apporter les corrections éventuelles en les justifiant et en éliminant certaines propositions. Exemple : « *des griffes grosse, brillants* ».

Faire remarquer que plusieurs mots peuvent convenir pour un même nom, mais qu'ils ne donnent pas la même information.

Sélectionner l'adjectif qui convient le mieux. Veiller à faire respecter les accords, sans s'attarder cependant, puisque ceci fera l'objet d'une séquence spécifique.

Dire que l'adjectif est un autre « compagnon du nom ».

Demander alors aux trois enfants de se donner la main (déterminant + nom + adjectif).

Après validation, faire coller l'étiquette du mot sur le texte du tableau.

• Procéder de la même façon pour les autres groupes de mots.

• Faire relire le texte dans son entier pour vérifier sa cohérence puis la première version du texte (sans les adjectifs) et comparer.

Faire relire seulement les mots qui ont été rajoutés.

Demander aux enfants à quoi servent ces mots (ils donnent des renseignements sur les noms).

• Inviter les enfants qui possédaient ces mots à revenir au tableau.

• Dire que ces mots s'appellent des adjectifs, écrire le mot « adjectif » au tableau.

Faire remarquer que l'adjectif peut se placer devant et/ou derrière le nom.

Accrocher au cou des enfants présents au tableau le collier-figurine qui illustre l'adjectif.

Deuxième étape

• Faire relire individuellement le texte.

• Demander de le compléter en écrivant en vert les adjectifs qui manquent.

Procéder à une correction collective et orale.

• Faire émerger qu'un adjectif qualificatif est un mot qui accompagne le nom. Il indique comment sont les personnes, les animaux ou les choses.

Séance 2 : Construction de la notion

Objectifs:
- Identifier un adjectif.
- Connaître le rôle d'un adjectif qualificatif.
- Sélectionner des adjectifs pour qualifier un nom.

Organisation: Travail de recherche en binôme et collectif puis travail collectif.

Matériel:
- Colliers-figurines (adjectif, déterminant, nom).
- Un jeu d'étiquettes par binôme. (Annexe 16)
- Un jeu d'étiquettes agrandies.

chien | grand | sage | courageuse | un | vélo | maigre | méchant | vieux | une

fille | petite | sale | jeune | gros | maison | gentille | rouge | neuf | noir

Déroulement

1 Manipulations et recherches

Première étape

• Procéder à un rappel de la séance précédente: « *Comment s'appellent les mots qui indiquent comment sont les personnes, les animaux, les choses ?* »

Écrire au tableau « un adjectif ».

Afficher les colliers-figurines illustrant l'adjectif, le déterminant et le nom.

• Distribuer et faire découper les étiquettes.

Pendant ce temps afficher les grandes étiquettes au tableau, puis faire lire les mots à haute voix.

• Demander de trier les étiquettes par classes de mots: les noms, les déterminants et les adjectifs.

• Envoyer trois élèves faire le même travail au tableau en justifiant leur classement. Exemple: « *Les déterminants sont des petits mots qui se placent devant un nom, ils déterminent le genre et le nombre du nom.* »

• Le groupe-classe valide.

• Faire lire à haute voix les mots de chaque classe.

Demander aux enfants de poser sur leur table les étiquettes « un » et « chien », puis de chercher tous les adjectifs qui peuvent donner des renseignements sur le chien. On peut introduire le terme « qualifier ».

Faire placer les étiquettes sur la table devant ou derrière le nom « chien ».

Après un temps de recherche, procéder à une mise en commun en envoyant au tableau plusieurs élèves pour chaque proposition (utiliser les étiquettes agrandies).

Deuxième étape

Demander de trouver tous les adjectifs qui peuvent convenir. Exemple : *un grand chien, un vieux chien, un chien sage, un chien méchant*, etc.

Faire remarquer que l'on peut placer l'adjectif devant ou derrière le nom et que l'on peut compléter un nom avec plusieurs adjectifs. Exemple : *un vieux chien noir, un jeune chien méchant.*

- Procéder de la même manière pour les noms « vélo », « fille », « maison ».

2 Synthèse et élaboration de la règle

MÉMO

L'adjectif

Un adjectif est un mot qui donne des précisions sur le nom.
Ainsi, il indique comment sont les personnes, les animaux ou les choses.
Exemples : *la* ***petite*** *fille* ***sage****, un chien* ***méchant***.

Séances 3 et 4 : Exercices de systématisation et court projet d'écriture

Objectifs :	– Mémoriser les notions essentielles. – Réinvestir ses connaissances dans des exercices d'application.
Organisation :	Travail individuel, correction individuelle ou collective.
Matériel :	– Photocopies de la fiche élève n° 16 (voir). – Cahier d'essai.

Compétences abordées

Ex. 1, 2 et 6 : Savoir choisir l'adjectif approprié pour compléter un nom.

Ex. 3 et 4 : Savoir repérer des adjectifs dans une phrase ou dans un texte.

Ex. 5 : Savoir trouver des adjectifs qui expriment le contraire.

L'adjectif qualificatif

Je m'entraîne

1 Complète les groupes de mots suivants avec l'adjectif qui convient.

joyeux / appliqué / longue / sec / rapide / rassis / rouge / agréable / illustré

un train	du pain	un .... Noël
un élève	une .... promenade	du linge ....
un poisson	un livre	une journée ....

2 Trouve et écris un adjectif pour chaque nom.

un lion	un citron ....
un bonbon	un élève ....
une chaussette	une voiture ....
une tortue	un singe ....

3 Récris chaque phrase en supprimant tous les adjectifs.

Ma sœur a des cheveux longs.

J'ai une jolie poupée.

Agathe a un beau chapeau vert.

Le gros chat noir miaule.

4 Lis le texte et recopie les adjectifs qui complètent les noms.

Un affreux monstre répugnant vit au fond du grand placard de Basile. Il a six gigantesques pattes poilues, une tête affreuse, des gros yeux rouges, des oreilles pointues, des griffes acérées. Il crache de la bave dégoûtante et jaune.

monstre →	placard → ....
pattes →	tête → ....
yeux →	oreilles → ....
griffes →	bave → ....

5 Trouve et écris les adjectifs qui expriment le contraire.

laid →	chaud →	fort → ....
gai →	usagé →	haut → ....
gros →	plein →	épais → ....

6 Trouve un adjectif pour compléter les noms soulignés et récris la phrase.

Pilou lit une histoire. →

Marie enfile sa robe. →

Maman achète un pantalon. →

Papa admire la voiture. →

Le boucher aiguise son couteau. →

J'écris

7 Sur ton cahier, récris ce texte en utilisant des adjectifs qui expriment le contraire des adjectifs soulignés.
Puis écris la fin de l'histoire.

Un méchant garçon se promène dans la forêt. Il voit sur la branche basse d'un arbre un gros oiseau noir qui a mal à la patte. Il s'approche de l'oiseau et dit :
« Vilain gros oiseau, tu es vieux et laid, je vais ....

17

L'accord dans le groupe du nom

➥ *Il est vivement conseillé de se reporter à la démarche générale, aux pistes pédagogiques et à la fiche guidée proposées dans l'introduction (p. 7), notamment pour la lecture du texte et l'élaboration de la règle qui suivent une mise en œuvre précise.*

Séance 1 : Découverte de la notion

Objectifs: – Comprendre que dans le groupe du nom tous ses compagnons s'accordent avec lui en genre et en nombre.
– Comprendre comment marquer les accords.

Organisation: Travail collectif et individuel.

Matériel: – Texte « *Le monstre du placard* » déjà étudié dans la séquence 16. (Annexe 17)
– Colliers-figurines (déterminant, adjectif, nom).
– Un jeu d'étiquettes collectif. (Annexe 17)

ventre | un | six | pattes | grosse | noir | une | tête | grande | des | pointues

dents | ailes | gros | noires | grandes | queue | noire | grosses

• Déroulement

1 Rappel du texte « Le monstre du placard »

Relecture par l'enseignant.

Le monstre du placard

« Chez mon copain Pierre, il y a un énorme monstre caché dans le placard ! explique Bruno à sa petite sœur Clara.
– Maman dit que les monstres, ça n'existe pas !
– Si ! je l'ai vu… Il a six pattes avec des griffes crochues, une longue queue verte…
– Et sa tête, elle est comment ? demande Clara.
– Il a une grosse tête affreuse avec trois yeux brillants et des grandes dents pointues, il crache de la bave jaune…
– Et son ventre ?
– Il a un gros ventre, et sur le dos il a deux grandes ailes noires…
Alors, tu veux toujours venir avec moi chez Pierre ? » demande Bruno.

2 Mise en scène

Première étape

• Distribuer les étiquettes aux enfants, les faire lire. Certains reçoivent des noms, d'autres des déterminants, d'autres des adjectifs.

• Faire venir au tableau l'élève qui possède le mot « un » et lui demander de prendre le collier-figurine correspondant : le déterminant.

• Questionner les élèves sur le genre et le nombre du nom qui doit suivre le déterminant « un » (masculin, singulier).

Faire chercher dans leurs étiquettes quel nom peut convenir.

L'enfant qui possède le nom « ventre » vient se placer face à la classe et prend son collier-figurine.

• Demander aux élèves de chercher des adjectifs pour compléter, renseigner le nom « ventre ».

Recueillir les différentes propositions et faire lire à haute voix à chaque fois.

• Faire valider le groupe-classe. Faire remarquer qu'à l'oral, on entend bien les adjectifs qui ne peuvent pas convenir (« un grosse ventre », « un grande ventre »...).

Interpeller les élèves sur le choix entre deux orthographes du mot « noir » (ou « noire ») que l'on ne distingue pas à l'oral.

• Faire justifier le « e » qui est destiné à un nom féminin.

• Faire valider par le groupe-classe la proposition retenue : « un ventre noir ».

Après validation, donner aux enfants concernés le collier-figurine de l'adjectif.

• Conserver la proposition « un gros ventre » pour remplacer le mot « ventre » par le mot « tête » et faire lire ce qu'on obtient : « un gros tête ».

• Laisser les élèves réagir et demander quels changements sont nécessaires pour que le groupe de mots soit correct.

Faire remarquer les changements masculin → féminin du déterminant et donc de l'adjectif.

Faire venir les élèves qui ont les bonnes étiquettes pour faire les changements : « une grosse tête ».

Interpeller les élèves sur le choix entre deux orthographes du mot « grosse » (ou « grosses ») que l'on ne distingue pas à l'oral.

• Faire justifier le « s ».

Le groupe-classe valide la proposition retenue : « une grosse tête ».

• Faire remplacer le mot « tête » par le mot « pattes ».

Laisser les élèves réagir et demander quels changements il faut faire pour que le groupe de mots soit correct.

Faire remarquer que le mot « pattes » est au pluriel (« s »).

Faire procéder aux changements indispensables : choisir « grosses » et un déterminant pluriel, « six » ou « des ».

Faire valider la proposition retenue : « des / six grosses pattes ».

• Procéder de la même manière avec les groupes « une grande queue », « des grandes ailes noires », « des grandes dents pointues ».

Deuxième étape

• Proposer une synthèse en affichant au tableau sous forme de colonne : « un gros ventre, une grosse tête, six grosse**s** patte**s** » et « une grande queue, des grande**s** aile**s** noire**s**, des grande**s** dent**s** pointue**s** ».

Faire relire et souligner le « s » du pluriel.

Faire observer et souligner le « e » du féminin.

• Faire émerger oralement que le déterminant, le nom et l'adjectif s'accordent en genre (féminin ou masculin) et en nombre (singulier ou pluriel).

Séance 2 : Construction de la notion

Objectifs :
- Repérer quels mots s'accordent dans le groupe du nom nominal.
- Marquer les accords en genre et en nombre.

Organisation : Travail de recherche en binôme et collectif puis travail collectif.

Matériel :
- Une feuille blanche par binôme.
- De la colle.
- Une ardoise, un chiffon, des feutres.
- Un jeu d'étiquettes par binôme. (Annexe 17)
- Le même jeu d'étiquettes agrandies.

un	une	des	les	les	grandes	grands	grande	grand	dent	couteau	dents
couteaux	pointu	pointue	pointues	pointus							

• Déroulement

1 Manipulations et recherches

• Procéder à un rappel de la séance précédente. Récrire au tableau les exemples étudiés : « un gros ventre », « une grosse tête », « des grosses pattes »...

Faire rappeler l'accord de l'adjectif avec le nom en genre – on ajoute souvent un « e » (féminin ou masculin) – et en nombre – on ajoute souvent un « s » (singulier ou pluriel).

• Demander à chaque binôme de découper les étiquettes.

Pendant ce temps, tracer un tableau de quatre colonnes sur quatre lignes, et afficher les étiquettes mélangées à côté du tableau.

• Faire lire les mots à haute voix.

• Demander aux enfants de poser et de coller sur leur feuille les étiquettes qui conviennent pour écrire « une grande dent pointue » puis « un grand couteau pointu ».

Organiser une mise en commun : envoyer au tableau des élèves placer les étiquettes dans le tableau vierge.

• Faire justifier leurs choix en insistant sur les marques du genre et du nombre.

• Demander alors de mettre ces groupes au pluriel.

Après un temps de recherche, procéder à une mise en commun en envoyant au tableau des élèves placer les étiquettes dans le tableau vierge :
un grand couteau pointu → des grands couteaux pointus ;
une grande dent pointue → des grandes dents pointues.

• Faire sortir les ardoises et dicter aux enfants des groupes nominaux:
le joli chapeau bleu → les jolis chapeaux bleus;
la jolie robe bleue → les jolies robes bleues.

• À chaque fois envoyer un élève au tableau qui doit écrire et justifier les accords.

2 Synthèse et élaboration de la règle

MÉMO

Les accords dans le groupe du nom

Dans le groupe du nom, le déterminant, l'adjectif et le nom s'accordent.
Ils s'écrivent au féminin ou au masculin.
Exemple: *le couteau pointu → **la** dent pointu**e***
Ils s'écrivent au singulier ou au pluriel.
Exemple: ***les** couteau**x** pointu**s** → **les** dent**s** pointu**es***

Séances 3 et 4 : Exercices de systématisation et court projet d'écriture

Objectifs:	– Mémoriser les notions essentielles. – Réinvestir ses connaissances dans des exercices d'application.
Organisation:	Travail individuel, correction individuelle ou collective.
Matériel:	– Photocopies de la fiche élève n° 17 (voir CD). – Cahier d'essai.

Compétences abordées

Ex. 1: Savoir trouver les accords dans le groupe du nom.
Ex. 2 et 3: Savoir compléter un nom avec un adjectif approprié.
Ex. 4: Savoir compléter le groupe du nom.
Ex. 5 et 6: Savoir accorder les composants du groupe du nom en nombre et en genre.

L'accord dans le groupe du nom

Je m'entraîne

1 Relie d'un trait les mots qui s'accordent.

un	petite	chat	noirs
une	petits	chatte	noires
deux	petit	chattes	noir
les	petites	chats	noire

2 Recopie l'adjectif qui complète chaque nom.

délicieux / délicieuse / noirs / noires / neuf / neuve / attentifs / attentives

des cafés ....   un gâteau ....

un vélo ....   des garçons ....

ta robe ....   une glace ....

des chaussettes ....   des filles ....

3 Complète les groupes de mots avec les adjectifs suivants en faisant l'accord.

appliqué / frisé / sucré / dangereux / troué / froid / sale / salissant

des cheveux ....   une boisson ....

mes chaussettes ....   une maison ....

un élève ....   des pantalons ....

un tapis ....   une route ....

4 Complète le groupe du nom.

Le beau ....   Mon .... préféré.

.... jolie chemise.   Les vieilles ....

.... gants fourrés.   Des sandales ....

5 Récris chaque groupe de mots en le mettant au pluriel.

Ma grande sœur → ....

Une jolie poupée → ....

Le beau spectacle → ....

Un animal féroce → ....

Le château abandonné → ....

6 Récris chaque groupe de mots en le mettant au masculin.

une grande et belle fille → ....

ma chienne obéissante → ....

des lionnes méchantes → ....

une vieille jument grise → ....

la jeune maîtresse → ....

J'écris

7 Récris ce texte en ajoutant des adjectifs pour préciser les noms. Attention aux accords !

Pour son anniversaire, Léonie a reçu des cadeaux : une poupée, un ballon, deux albums, une robe, des chaussures, des chocolats, un collier.
« Tu as été trop gâtée ! » dit sa maman.

Conjuguer le verbe *aller* au présent

➥ *Il est vivement conseillé de se reporter à la démarche générale, aux pistes pédagogiques et à la fiche guidée proposées dans l'introduction (p. 7), notamment pour la lecture du texte et l'élaboration de la règle qui suivent une mise en œuvre précise.*

Séance 1 : Découverte de la notion

Objectifs:	– Conjuguer le verbe *aller* au présent. – Reconnaître le verbe *aller* au présent.
Organisation:	Travail collectif et individuel.
Matériel:	– Texte photocopié pour chaque élève. (Annexe 18) – Une ardoise individuelle, un feutre, un chiffon. – Colliers-figurines (verbe, pronom personnel).

• Déroulement

1 Lecture et compréhension du texte

Qui m'accompagne à la piscine ?

Aujourd'hui Corentin s'ennuie. Il cherche désespérément quelqu'un pour aller avec lui à la piscine. Il va voir son papa :

« Papa, tu veux bien m'emmener à la piscine s'il te plaît ?

– Ah ! mon chéri, je ne peux pas ! Je vais au club de foot et je suis déjà en retard ! répond son papa. Demande à ta sœur.

– Elle est avec Léa et elles vont à leur cours de danse, dit Corentin déçu.

– Et ton copain Brice ? suggère papa.

– Il va chez ses grands-parents ! répond Corentin.

À ce moment, le petit garçon aperçoit son papi et sa mamie. Plein d'espoir, il court vite vers eux. Mais en voyant qu'ils montent dans leur voiture, Corentin leur demande :

– Vous allez où ?

– Mon petit bonhomme, nous allons acheter un chapeau à ta grand-mère, répond papi. Tu veux venir avec nous ?

– Non, moi je veux aller à la piscine ! J'en ai assez, je m'ennuie… soupire Corentin.

C'est alors que sa maman arrive et lui dit :

– Allez Corentin, on y va ?

– À la piscine ? s'exclame l'enfant heureux.
Maman le regarde d'un drôle d'air et lui dit :
– Mais non Corentin, c'est l'heure de ton rendez-vous : tu vas chez le dentiste ! »

2 Mise en scène

Première étape

• Faire sortir les ardoises et inviter 8 élèves à venir au tableau, chacun jouant un rôle différent : Corentin, son papa, sa sœur et Léa, Brice, les grands-parents, sa maman.

• Faire jouer la scène : demander à Corentin d'aller voir chaque personnage pour lui demander d'aller à la piscine.

– Sa sœur et sa copine Léa disent : « *Nous ne pouvons pas, **nous allons** à la danse.* » → Corentin s'adresse à son père : « *Elles ne peuvent pas, **elles vont** à la danse.* »

– Brice dit : « *Je ne peux pas, **je vais** chez mes grands-parents.* » → Corentin s'adresse à son père : « *Il ne peut pas, **il va** chez ses grands-parents.* »

– Corentin dit à ses grands-parents : « ***Vous allez** où ?* », et ils répondent : « ***Nous allons** acheter un chapeau.* »

– La maman dit à Corentin : « ***Tu vas** chez le dentiste !* »

• À chaque fois, demander aux enfants de relever le verbe utilisé par leurs camarades et d'écrire sur leur ardoise « nous allons », « elles vont », « je vais », etc. de façon à obtenir la conjugaison complète du verbe *aller*.

• Recueillir les différentes propositions orthographiques en montrant les ardoises à la classe.

Faire valider en éliminant d'abord les propositions phonétiquement incorrectes, puis en faisant chercher la bonne orthographe dans le texte.

• Écrire au tableau la forme verbale corrigée.

• À la fin, faire relire à haute voix la conjugaison complète du verbe.

Demander aux enfants de dicter au maître la conjugaison du verbe dans l'ordre habituel des pronoms de conjugaison.

Faire trouver l'infinitif du verbe et l'écrire en haut du tableau.

Inviter un élève à entourer en rouge l'ensemble des formes verbales, afficher le collier-figurine.

Faire entourer en bleu l'ensemble des pronoms sujets, afficher le collier-figurine.

Deuxième étape

• Demander aux élèves de relire individuellement leur texte.

Laisser affichée la conjugaison du verbe *aller* au tableau.

Demander aux enfants de souligner en rouge les formes conjuguées du verbe *aller* et d'entourer le pronom dans le texte.

• Effectuer une correction collective orale.

Séance 2 : Construction de la notion

Objectifs :
- Conjuguer oralement et par écrit le verbe *aller* au présent.
- Élaborer un tableau de conjugaison.

Organisation : Travail de recherche en binôme et collectif puis travail collectif.

Matériel :
- Photocopies de la fiche annexe, une feuille par binôme. (Annexe 18)
- Reproduction en grand au tableau du tableau de conjugaison à compléter.

Aller		
Il	va	chez ses grands-parents.
Je		
Tu		
Il ou Elle		
Nous		
Vous		
Ils ou Elles		

vais | vas | va | allons | allez | vont

Déroulement

1 Manipulations et recherches

• Faire relire le texte « *Qui m'accompagne à la piscine ?* ».

Demander aux élèves de trouver à quel moment se passe l'histoire (au présent) et de justifier en donnant le connecteur temporel « Aujourd'hui ».

• Écrire au tableau la phrase : « *Il va chez ses grands-parents.* »

Faire identifier le verbe, le faire souligner en rouge et écrire V en dessous.

Faire rappeler l'infinitif du verbe « va » et l'écrire au tableau.

• Distribuer le tableau de conjugaison et faire découper les étiquettes.

Pendant ce temps reproduire au tableau le tableau de conjugaison à compléter.

• Faire lire la colonne de gauche du tableau vierge et faire rappeler que ce sont les pronoms personnels sujets.

• Demander alors aux enfants de compléter le reste du tableau en y collant leurs étiquettes pour obtenir la conjugaison du verbe *aller* au présent.

Après un temps de recherche, procéder à une mise en commun : recueillir les différentes propositions des élèves et compléter le tableau de conjugaison en écrivant au fur et à mesure.

• Pour corriger, faire vérifier l'orthographe des formes verbales dans le texte (*vas / va*).

On obtient:

Aller		
Il	va	
Je	vais	
Tu	vas	
Il ou Elle	va	chez ses grands-parents.
Nous	allons	
Vous	allez	
Ils ou Elles	vont	

2 Synthèse et élaboration de la règle

MÉMO

Le verbe *aller* au présent

Je vais
Tu vas
Il / Elle va
Nous allons
Vous allez
Ils / Elles vont

à l'école

Séances 3 et 4 : Exercices de systématisation et court projet d'écriture

Objectifs: – Mémoriser les notions essentielles.
– Réinvestir ses connaissances dans des exercices d'application.

Organisation: Travail individuel, correction individuelle ou collective.

Matériel: – Photocopies de la fiche élève n° 18 (voir).
– Cahier d'essai.

Compétences abordées

Ex. 1: Savoir trouver le pronom personnel qui s'accorde avec la forme conjuguée.

Ex. 2 et 3: Savoir trouver la forme verbale qui s'accorde avec le sujet.

Ex. 4: Savoir associer le sujet et le verbe qui s'accordent.

Ex. 5 et 6: Savoir transformer des phrases et effectuer l'accord sujet/verbe au présent.

Conjuguer le verbe *aller* au présent

Je m'entraîne

1 Complète les phrases avec le pronom personnel qui convient.

.... vais à l'école.

.... vas au cinéma.

.... va chez sa grande sœur.

.... vont chez le médecin.

.... allons courir autour du stade.

.... allez dîner chez vos amis.

2 Complète les phrases en conjuguant le verbe *aller*.

Nous .... chez les voisins.

Ils .... skier pendant trois jours.

Mathéo .... chez le dentiste.

Tu .... au marché.

Je .... chez Marion.

Ce soir, Laura et Joséphine .... au restaurant.

3 Complète avec *va* ou *vas*.

Mon grand-père .... se coucher.

Tu .... faire des courses.

Il .... faire du sport.

Tu .... chez ta mamie.

Aujourd'hui, tu .... chez le coiffeur.

Mathieu .... chez son papa.

4 Relie d'un trait le sujet et le verbe qui correspondent.

Mes copains •	• vas	
Vous •	• allons	
Tu •	• va	à l'école.
Nous •	• allez	
Léonie •	• vont	
Je •	• vais	

5 Récris les phrases avec le nouveau pronom personnel.

Vous allez faire des courses. → Tu

Nous allons à la campagne. → Je

Je vais à mon travail. → Nous

Tu vas chez le médecin. → Vous

6 Récris les phrases en changeant de sujet.

Edgar va jouer de la trompette.

Edgar et Émile

Les filles vont acheter du beurre.

La fille

Tu vas courir avec le chien.

Mon frère

J'écris

7 Sur ton cahier, recopie les questions et fais une phrase pour répondre à chacune d'elle.

1. Où va Jean pour faire réparer sa voiture ?
2. Où vas-tu acheter une tarte aux fraises ?
3. Où vont-ils voir ce film policier ?
4. Où allez-vous faire du sport ?

19

Conjuguer le verbe *venir* au présent

➥ Il est vivement conseillé de se reporter à la démarche générale, aux pistes pédagogiques et à la fiche guidée proposées dans l'introduction (p. 7), notamment pour la lecture du texte et l'élaboration de la règle qui suivent une mise en œuvre précise.

Séance 1 : Découverte de la notion

Objectifs:	– Conjuguer le verbe *venir* au présent. – Reconnaître le verbe *venir* au présent et donner l'infinitif.
Organisation:	Travail collectif et individuel.
Matériel:	– Texte photocopié pour chaque élève. (Annexe 19) – Une ardoise individuelle, feutre, chiffon. – Colliers-figurines (verbe, pronom personnel).

• Déroulement

1 Lecture et compréhension du texte

La fête d'anniversaire

C'est l'anniversaire de Mélissa. À la sortie de l'école, elle vérifie que ses amis ont bien reçu l'invitation pour sa fête. Tout d'abord, elle court voir sa meilleure amie Océane.

« Tu viens à mon anniversaire ? demande Mélissa.

– Bien sûr, je viens ! s'exclame Océane. Et ma cousine Julie aussi, elle vient à ta fête.

– Ah, c'est super ! s'exclame Mélissa ravie.

Et elle se tourne vers le groupe de garçons : Teddy, Jordan et Lucas.

– Et vous, vous venez à mon anniversaire ? demande Mélissa.

– Oui, nos parents sont d'accord. Nous venons tous les trois ensemble, répondent les garçons en souriant.

En rentrant chez elle, Mélissa va vite voir sa maman et lui dit en sautant de joie :

– Ah, c'est parfait ! Tous mes amis viennent à ma fête ! »

Le jour de la fête, tout est prêt, Mélissa attend avec impatience tous ses copains et copines. Elle attend, attend, mais personne ne vient… Mélissa commence à se sentir triste et court dans sa chambre pour se mettre à pleurer. Mais quand elle ouvre la porte… SURPRISE ! Tous ses amis sont là, ils s'étaient cachés !

2 Mise en scène

Première étape

• Demander de trouver quel temps est utilisé dans l'histoire.

• Faire sortir les ardoises et inviter 7 élèves à venir au tableau, chacun jouant le rôle d'un personnage de l'histoire (Mélissa, Océane, Julie, Teddy, Jordan, Lucas, la maman).

• Faire jouer la scène. Demander à Mélissa d'aller voir chaque enfant pour lui demander s'il vient à sa fête d'anniversaire.

– Mélissa va voir Océane et demande : « ***Tu viens*** *à ma fête d'anniversaire ?* ». Océane répond : « *Oui,* ***je viens*** *à ta fête.* »

– Mélissa parle de Julie et demande en la montrant du doigt : « *Et Julie,* ***elle vient*** *à ma fête ?* ». Océane répond : « *Oui,* ***elle vient*** *à ta fête.* »

– Mélissa s'adresse aux trois garçons, elle demande : « ***Vous venez*** *à ma fête ?* ». Ils répondent « *Oui,* ***nous venons*** *à ta fête.* »

– Mélissa dit à sa mère : « ***Ils viennent*** *tous !* »

• Au fur et à mesure, faire écrire sur l'ardoise « tu viens », « je viens », « elle vient », etc.

Recueillir les différentes propositions orthographiques en montrant les ardoises à la classe.

Faire valider en éliminant d'abord les propositions phonétiquement incorrectes, puis en faisant chercher la bonne orthographe dans le texte.

Écrire au tableau la forme verbale corrigée.

• À la fin, faire relire à haute voix la conjugaison complète du verbe.

Demander aux enfants de dicter au maître la conjugaison du verbe dans l'ordre habituel des pronoms de conjugaison.

Faire trouver l'infinitif du verbe et l'écrire en haut du tableau.

Inviter un élève à entourer en rouge l'ensemble des formes verbales, afficher le collier-figurine.

Faire entourer en bleu l'ensemble des pronoms sujets, afficher le collier-figurine.

Deuxième étape

• Demander aux élèves de relire individuellement leur texte.

Laisser afficher la conjugaison du verbe *venir* au tableau.

Demander aux enfants de souligner en rouge les formes conjuguées du verbe *venir* et d'entourer le pronom dans le texte.

• Effectuer une correction collective orale.

Séance 2 : Construction de la notion

Objectifs:
- Conjuguer oralement et par écrit le verbe *venir* au présent.
- Élaborer un tableau de conjugaison.

Organisation: Travail de recherche en binôme et collectif puis travail collectif.

Matériel:
- Une photocopie par binôme du tableau de conjugaison à compléter avec les étiquettes-verbes. (Annexe 19)
- Reproduction en grand au tableau du tableau de conjugaison à compléter.

<table>
<tr><th colspan="3">Venir</th></tr>
<tr><td>Elle</td><td>vient</td><td rowspan="7">à la fête d'anniversaire.</td></tr>
<tr><td>Je</td><td></td></tr>
<tr><td>Tu</td><td></td></tr>
<tr><td>Il ou Elle</td><td></td></tr>
<tr><td>Nous</td><td></td></tr>
<tr><td>Vous</td><td></td></tr>
<tr><td>Ils ou Elles</td><td></td></tr>
</table>

viens	venons	viens	vient	venez	viennent

Déroulement

1 Manipulations et recherches

• Faire relire le texte «*La fête d'anniversaire*» puis faire rappeler le temps utilisé.

• Écrire au tableau la phrase «*Julie vient à la fête d'anniversaire.*»
Faire identifier le verbe, le faire souligner en rouge et écrire V en dessous.
Faire rappeler l'infinitif du verbe «vient» et l'écrire au tableau.

• Distribuer le tableau de conjugaison à compléter. Faire découper les étiquettes.
Pendant ce temps, reproduire au tableau le tableau de conjugaison vierge.

• Faire lire la colonne de gauche du tableau et faire rappeler que ce sont les pronoms personnels sujets.

• Faire compléter en binôme le reste du tableau en collant les étiquettes pour conjuguer le verbe *venir* au présent.
Après un temps de recherche, procéder à une mise en commun: recueillir les différentes propositions des élèves et compléter le tableau de conjugaison.

• Pour corriger, demander aux enfants de transformer la phrase pour parler de soi, d'un camarade... (*Je viens à la fête d'anniversaire. / Il vient à la fête d'anniversaire...*) et de vérifier l'orthographe des formes verbales dans le texte (*viens / vient*).

On obtient :

Venir		
Elle	vient	
Je	viens	
Tu	viens	
Il ou Elle	vient	à la fête d'anniversaire.
Nous	venons	
Vous	venez	
Ils ou Elles	viennent	

2 Synthèse et élaboration de la règle

MÉMO

Le verbe *venir* au présent

Je viens
Tu viens
Il / Elle vient
Nous venons
Vous venez
Ils / Elles viennent

à la fête

Séances 3 et 4 : Exercices de systématisation et court projet d'écriture

Objectifs :
- Mémoriser les notions essentielles.
- Réinvestir ses connaissances dans des exercices d'application.

Organisation : Travail individuel, correction individuelle ou collective.

Matériel :
- Photocopies de la fiche élève n° 19 (voir).
- Cahier d'essai.

Compétences abordées

Ex. 1 : Savoir trouver le pronom personnel qui s'accorde avec la forme conjuguée.
Ex. 2 et 3 : Savoir trouver la forme verbale qui s'accorde avec le sujet.
Ex. 4 : Savoir associer le sujet et le verbe qui s'accordent.
Ex. 5 et 6 : Savoir transformer des phrases et réaliser l'accord sujet/verbe.

Conjuguer le verbe *venir* au présent

Je m'entraîne

❶ Complète les phrases avec le pronom personnel qui convient.

.... viens chez moi.

.... venons du sud de la France.

.... viennent de la plage.

.... venez d'arriver.

.... viens dormir à la maison.

.... vient de partir.

❷ Complète les phrases en conjuguant le verbe *venir*.

Nous .... d'apprendre une bonne nouvelle.

Ils .... toujours avec des cadeaux.

Jules .... à ma rencontre.

Tu .... en avion.

Je .... déjeuner chez toi.

Mon chien .... de mordre un passant.

❸ Complète avec *viens* ou *vient*.

Ma mère .... d'accoucher de ma petite sœur.

Tu .... avec moi au parc ?

Le facteur .... me voir tous les jours.

Tu .... à la grande fête des écoles.

❹ Relie d'un trait le sujet et le verbe qui correspondent.

Les jumeaux •	• viens	
Vous •	• venons	
Tu •	• vient	d'avoir sept ans.
Mon cousin et moi •	• venez	
Leïla •	• viennent	
Je •	• viens	

❺ Récris les phrases avec le nouveau pronom personnel.

Vous venez avec papi. → Tu

Elles viennent de s'endormir. → Elle

Nous venons d'Angleterre. → Je

Je viens de finir mes devoirs. → Nous

Tu viens avec un grand sac. → Vous

❻ Récris les phrases en changeant de sujet.

Yuriko vient du Japon.

Yuriko et ses parents

Les enfants viennent de se lever.

L'enfant

Mes grands-parents viennent chez nous toutes les semaines.

Ma grand-mère

J'écris

❼ Sur ton cahier, écris une phrase pour indiquer de quel pays viennent ces enfants.

Conjuguer les verbes *faire* et *dire* au présent

Il est vivement conseillé de se reporter à la démarche générale, aux pistes pédagogiques et à la fiche guidée proposées dans l'introduction (p. 7), notamment pour la lecture du texte et l'élaboration de la règle qui suivent une mise en œuvre précise.

Séance 1 : Découverte de la notion

Objectifs:
- Découvrir les conjugaisons des verbes *faire* et *dire* au présent.
- Mettre en évidence les irrégularités de ces verbes dans leur conjugaison au présent.

Organisation: Travail collectif et individuel.

Matériel:
- Texte photocopié pour chaque élève. (Annexe 20)
- Affiche du verbe *jouer* au présent déjà réalisée. (Séquence 14)
- Colliers-figurines (verbe, pronom personnel).
- Une ardoise individuelle, un feutre, un chiffon.

Déroulement

1 Lecture et compréhension du texte

L'arrivée du petit frère

« Qu'est-ce que tu fais ? dit Alexia.

– Je fais un dessin pour notre nouveau petit frère, répond Nathan.

Papa s'approche, il dit :

– À propos, Maman rentre de la maternité demain, nous avons du travail pour remettre la maison en ordre : toi, Nathan, tu fais ton lit. Ensemble, vous faites la vaisselle. Moi, je fais le ménage.

– Oh non ! pas la vaisselle ! proteste violemment Nathan.

Papa se fâche :

– Quand je dis quelque chose, tu le fais sans protester !

Alexia vient au secours de son frère :

– Nous faisons la vaisselle tous les jours depuis que maman est à la clinique.

– Et alors ? répond Papa. Quand ils sont obéissants, les enfants font ce que disent leurs parents.

Alexia et son frère bougonnent.

– Qu'est-ce que vous dites ? gronde papa.

– Nous disons que tu devrais acheter un lave-vaisselle, c'est très pratique !

Papa répond :
– Depuis quand les enfants disent aux parents ce qu'ils doivent faire ?
Puis il ajoute, en souriant :
– Mais cela me donne une idée de cadeau pour la naissance de Hugo… »

Organiser une lecture dialoguée avec 3 élèves et un narrateur.

2 Mise en scène

Première étape

• Demander aux élèves de relire le texte et de trouver à quel temps il est écrit ; écrire « présent » en haut du tableau.

• Conduire un petit jeu de rôles avec 3 enfants pour amener :
– Nathan à dire : « ***Je fais*** *un dessin.* » ;
– le père à dire : « ***Je fais*** *le ménage.* » ; « *Quand* ***je dis*** *quelque chose…* ».

• Faire chercher sur l'ardoise l'écriture de « je fais » et de « je dis » (par moitié de classe).
Relever les différentes propositions en montrant les ardoises à la classe.
Faire valider en éliminant d'abord les propositions phonétiquement incorrectes, puis en faisant chercher la bonne orthographe dans le texte (*je fais / fait; je dis / dit*).
Écrire au tableau les deux formes verbales corrigées.

• Reprendre le jeu de rôle pour amener les enfants à employer les autres pronoms personnels et utiliser la même démarche.
– Le père s'adresse à Nathan, il dit : « *Tu fais ton lit.* »
– Le père s'adresse à ses deux enfants, il dit : « *Vous faites la vaisselle.* »
– Le père parle des enfants obéissants, il dit : « *Les enfants font tout ce que disent les parents.* »

• Faire écrire successivement « *tu fais / tu dis* », « *il fait / il dit* », « *nous faisons / nous disons* », etc.
Faire relire à haute voix la conjugaison complète des verbes. Demander aux élèves :
– de trouver l'infinitif des verbes et les écrire en haut du tableau ;
– d'entourer en rouge l'ensemble des formes verbales et en bleu l'ensemble des pronoms sujets.
Afficher les colliers-figurines.

Deuxième étape

• Faire relire à voix haute les conjugaisons des verbes *dire* et *faire* et trouver les deux formes particulières : « vous dites » et « vous faites ».

• Envoyer un élève les récrire au tableau. Sans l'écrire, préciser que « vous disez » et « vous faisez » sont incorrects.

• Faire inventer des phrases orales en utilisant « vous dites » et « vous faites ».

Séance 2 : Construction de la notion

Objectifs:

- Conjuguer les verbes *dire* et *faire* au présent.
- Mémoriser les formes irrégulières du présent de ces verbes.

Organisation: Travail de recherche en binôme et travail collectif.

Matériel:

- Une photocopie par binôme des tableaux de conjugaison à compléter avec les étiqettes-verbes. (Annexe 20)
- Reproduction en grand au tableau des tableaux de conjugaison à compléter.
- Le même jeu d'étiquettes pour manipulation collective. (Annexe 20)

Présent			
	Dire		Faire
Je		Je	
Tu		Tu	
Il ou Elle		Il ou Elle	
Nous		Nous	
Vous		Vous	
Ils ou Elles		Ils ou Elles	

dis | dis | dit | dites | diront | disons | disent | fait | fais | fais | faisons | faites | fête | font | feront

Déroulement

1 Manipulations et recherches

• Faire conjuguer oralement les verbes *faire* et *dire* au présent en cachant temporairement les tableaux.

• Distribuer la feuille annexe et laisser lire silencieusement.

• Faire analyser le tableau par:

– le repérage des verbes à l'infinitif (*faire / dire*);

– le rappel du fait que les verbes sont conjugués au présent;

– la lecture à haute voix des pronoms de conjugaisons.

• Faire découper les étiquettes.

Demander aux enfants de compléter ce tableau en trouvant les formes manquantes parmi les étiquettes du bas de la page. Prévenir qu'il y a des intrus.

• Laisser les enfants rechercher.

• Après un temps de recherche, mettre en commun en envoyant des élèves écrire les verbes dans le tableau.

• Faire valider par le groupe-classe.

Faire relire verticalement à haute voix les conjugaisons en insistant sur les terminaisons («*Je dis -s, tu dis -s...*»), puis horizontalement (« *je dis / je fais; tu dis / tu fais...*»).

2 Synthèse et élaboration de la règle

MÉMO

Le présent

Verbe *dire* au présent	**Verbe *faire* au présent**
Je dis	Je fais
Tu dis	Tu fais
Il / Elle dit	Il / Elle fait
Nous disons	Nous faisons
Vous **dites**	Vous **faites**
Ils / Elles disent	Ils / Elles **font**

Séances 3 et 4 : Exercices de systématisation et court projet d'écriture

Objectifs: – Mémoriser les notions essentielles.
– Réinvestir ses connaissances dans des exercices d'application.

Organisation: Travail individuel, correction individuelle ou collective.

Matériel: – Photocopies de la fiche élève n° 20 (voir).
– Cahier d'essai.

Compétences abordées

Ex. 1: Savoir associer un sujet à une forme verbale au présent.

Ex. 2: Savoir trouver l'accord du verbe en fonction d'un sujet.

Ex. 3: Savoir trouver le pronom qui s'accorde avec une forme verbale.

Ex. 4: Savoir trouver la forme verbale qui s'accorde avec le sujet.

Ex. 5: Savoir transformer des phrases et effectuer l'accord sujet/verbe au présent.

Conjuguer les verbes *faire* et *dire* au présent

Je m'entraîne

1 Relie chaque sujet à son verbe. Attention aux accords !

Mathis	•	•	fait toujours son lit.
Nous	•	•	dites beaucoup de gros mots !
Les chats	•	•	faisons des travaux dans la maison.
Vous	•	•	fais tes devoirs.
Tu	•	•	font la course dans le salon.
Je	•	•	dis au revoir à mes amis.

2 Choisis la forme du verbe qui convient et récris la phrase.

Mélissa dis / dit / disent toujours merci.

Cette semaine, vous faisons / faites / fais une randonnée !

Les enfants faisons / font / faites un spectacle de marionnettes.

3 Complète chaque phrase avec le pronom personnel qui convient.

.... faisons une ronde.

.... disent des blagues.

.... dis n'importe quoi !

.... faites une tarte.

.... ne dites rien.

.... fait la vaisselle.

4 Complète les phrases en conjuguant le verbe écrit entre parenthèses.

Nous .... (dire) des bêtises.

Les animaux .... (faire) du bruit dans la nuit.

Je .... (dire) aux élèves de se taire.

Mes parents .... (faire) une croisière en Corse.

Vous .... (faire) du sport tous les jours !

5 Récris les phrases en changeant de sujet.

Noa fait la sieste.

Juliette et Noa

Nous disons bonjour à tout le monde.

Vous

Vous faites un gâteau au chocolat.

Ils

Mon père et moi faisons cuire les saucisses au barbecue.

Je

J'écris

6 Sur ton cahier, complète chaque phrase avec les couples de mots.

vélo / route ; escalade / montagne ; natation / eau ;
équitation / cheval ; patinage / glace ; danse / musique

Quand je fais du ski, je dis que la neige est froide.

Quand tu fais ...., tu dis ....

Quand elle ...., elle ....

Quand nous ...., ...

Quand vous ....

Quand ils ....

Conjuguer les verbes en *-er* au passé composé

➥ *Il est vivement conseillé de se reporter à la démarche générale, aux pistes pédagogiques et à la fiche guidée proposées dans l'introduction (p. 7), notamment pour la lecture du texte et l'élaboration de la règle qui suivent une mise en œuvre précise.*

Séance 1 : Découverte de la notion

Objectifs:
- Renforcer la notion de conjugaison d'un verbe.
- Comprendre comment se forme le passé composé des verbes réguliers en *-er*: auxiliaire *avoir* ou *être* au présent + participe passé du verbe.

Organisation: Travail collectif, individuel et en binôme.

Matériel:
- Texte photocopié pour chaque élève. (Annexe 21)
- Une ardoise individuelle, un feutre, un chiffon.
- Colliers-figurines (verbe, pronom personnel).
- Étiquettes-mots pour manipulation collective. (Annexe 21)

Je	Tu	Il ou Elle	Nous	Vous	Ils ou Elles
avons joué	ont joué	as joué	ai joué	a joué	avez joué

• Déroulement

1 Lecture et compréhension du texte

La rencontre amoureuse

Papi Jacques et mamie Françoise racontent leur rencontre à leur petite fille Noémie.

« J'ai rencontré ton grand-père à dix-huit ans, sur un terrain de football. Tu sais que ton papi a joué pendant longtemps au foot, dit mamie.

– Mais qu'est-ce que tu racontes ? J'ai joué pendant longtemps au football, c'est vrai, mais nous ne nous sommes pas rencontrés au stade de foot mais sur un court de tennis ! répond papi.

– Toi, tu as joué au tennis ? interroge mamie surprise.

– Parfaitement, mes frères et moi, nous avons joué ensemble pendant un an.

– Mais non ! Tes frères ont joué au tennis, mais toi et tes copains, vous avez joué uniquement au foot ! Je me souviens même, affirme mamie, que nous nous sommes rencontrés un dimanche après-midi.

– Tu perds la mémoire ! reprend papi Jacques.

– Je suis certaine d'avoir raison ! insiste mamie.
– Bon ! bref, on s'en moque, dit Noémie. Ce qui compte, c'est que vous étiez amoureux ! »

Organiser une lecture dialoguée avec 3 élèves et un narrateur.

2 Mise en scène

Première étape

• Faire sortir les ardoises.

Demander à un enfant de jouer le rôle de papi. Il dit : « *Quand j'étais jeune,* ***j'ai joué*** *au football.* »

Faire chercher sur l'ardoise l'écriture de « J'ai joué ».

Relever les différentes propositions en montrant les ardoises à la classe.

Faire valider par le groupe-classe en éliminant d'abord les propositions phonétiquement incorrectes, puis en faisant chercher la bonne orthographe dans le texte.

Écrire au tableau la forme verbale corrigée.

• Adopter la même démarche en faisant changer le pronom personnel (3 rôles à attribuer : papi, mamie, Noémie).

– Mamie dit à papi : « ***Tu as joué*** *au foot.* »
– Mamie s'adresse à Noémie et dit : « ***Ton grand-père a joué*** *au foot.* »
– Papi raconte ce qu'il a fait avec ses frères : « ***Nous avons joué*** *au tennis.* »
– Mamie raconte ce qu'ont fait les frères de papi : « ***Ils ont joué*** *au tennis.* »
– Mamie raconte ce que papi et ses copains ont fait : « ***Vous avez joué*** *au football.* »

• Faire relire à haute voix la conjugaison complète des verbes. Demander aux élèves :
– de trouver l'infinitif des verbes et les écrire en haut du tableau ;
– d'entourer en rouge l'ensemble des formes verbales et en bleu l'ensemble des pronoms sujets.

Afficher les colliers-figurines.

Deuxième étape

• Distribuer les étiquettes.

• Faire venir au tableau les élèves qui tiennent les étiquettes des 3e formes conjuguées « *J'ai joué / Tu as joué / Il a joué…* ».

Faire rappeler que le verbe *jouer* est conjugué au passé composé.

Expliquer qu'on parle de passé composé car « composé » signifie qui est formé de plusieurs parties.

• Demander aux élèves de montrer les deux parties du verbe.

• Demander à un élève de venir découper les deux parties du verbe et de les montrer.

Demander aux enfants de montrer uniquement la première partie du verbe (*ai / as / a*) en retournant l'autre étiquette (*joué*).

Faire lire à voix haute : « *J'ai / Tu as / Il a…* »

Faire identifier le verbe *avoir* conjugué au présent. Expliquer que, dans ce cas, il n'est pas seul, mais il « aide » le verbe *jouer* à se conjuguer au passé composé.

• Adopter la même démarche pour « *Nous avons joué / Vous avez joué / Ils ont joué* ».

• Au tableau, faire entourer l'auxiliaire *avoir* conjugué au présent et écrire en dessous « AVOIR ».

• Pour la seconde partie du verbe, faire remarquer qu'elle est identique quel que soit le sujet : c'est le verbe *jouer* avec un *-é* à la place de la terminaison *-er* ; on l'appelle le participe passé du verbe.

Troisième étape

• Faire rappeler que tous les verbes se terminant par *-er* se conjuguent de la même façon que le verbe *jouer* et faire sortir l'ardoise.

• Écrire au tableau l'infinitif du verbe *chanter*.
Faire entourer la terminaison *-er* du verbe.
Écrire le pronom « je » au tableau et demander aux élèves répartis en binômes d'écrire le passé composé de ce verbe à cette personne : l'un écrira l'auxiliaire *avoir* sur son ardoise, l'autre le participe passé. Faire alterner les rôles.
Laisser les enfants chercher et écrire.
Faire une correction immédiate en envoyant un binôme d'enfants montrer les ardoises.
Au fur et à mesure écrire la forme correcte au tableau.

• Procéder de la même façon pour tous les pronoms personnels.

• Écrire l'infinitif *tomber* au tableau.
Adopter la même démarche que pour le verbe *chanter*.
Préciser rapidement les accords du participe passé (*Je suis tombé(e)…*).
Faire relire entièrement la conjugaison du verbe *tomber* au passé composé.

• Après validation du groupe-classe, comparer la conjugaison du verbe *tomber* à celle du verbe *jouer* établie précédemment.
Faire remarquer que, dans ce cas, ce n'est pas le verbe *avoir* qui est utilisé. Demander quel est le verbe auxiliaire.
Faire entourer au tableau l'auxiliaire et écrire en dessous « ÊTRE ».

• Amener à la conclusion que pour conjuguer un verbe au passé composé, on utilise soit le verbe *avoir* comme dans « j'ai joué », soit le verbe *être* comme dans « je suis tombé » et qu'on ajoute le participe passé du verbe.

Séance 2 : Construction de la notion

Objectifs :
- Conjuguer des verbes en -*er* au passé composé.
- Comprendre l'organisation d'un tableau de conjugaison.
- Mémoriser la construction du passé composé des verbes du 1er groupe.

Organisation : Travail en binôme et collectif.

Matériel :
- Une photocopie par binôme des tableaux de conjugaison à compléter et des étiquettes. (Annexe 21)
- Reproduction en grand au tableau de ces tableaux.
- Étiquettes pour manipulation collective. (Annexe 21)

Taper		Aller		Regarder	
J'		Je	suis allé	J'	
Tu		Tu		Tu	as regardé
Il ou Elle	a tapé	Il ou Elle		Il ou Elle	
Nous		Nous		Nous	avons regardé
Vous		Vous	êtes allés	Vous	
Ils ou Elles	ont tapé	Ils ou Elles		Ils ou Elles	

as tapé | a tapé | avons tapé | tapez | avez tapé | es allé | est allé | sommes allés
sont allés | ai tapé | ont nagé | ai regardé | a regardé | avez regardé | ont regardé

Déroulement

1 Manipulations et recherches

• Procéder à un rappel de la séance précédente (signification du passé composé ; verbe *avoir* et *être* au présent + le participe passé).

• Distribuer la feuille annexe à chaque binôme.

Procéder à une analyse collective du tableau en faisant :

– repérer les verbes à l'infinitif (*taper / aller / regarder*) ;

– remarquer que les trois verbes se terminent par -*er*, comme *jouer* vu à la dernière séance et faire entourer en couleur « *er* » ;

– rappeler que les verbes sont conjugués au passé composé et qu'ils indiquent ce qui est déjà passé ;

– lire à haute voix les pronoms de conjugaisons.

• Faire découper les étiquettes puis compléter ce tableau en trouvant les formes manquantes parmi les étiquettes. Prévenir qu'il y a des intrus. Laisser les enfants rechercher.

• Proposer une mise en commun en envoyant des élèves écrire les verbes dans le tableau. Faire valider par le groupe-classe.

Faire relire verticalement à haute voix la conjugaison du verbe *taper* au passé composé, puis du verbe *aller*, puis du verbe *regarder*.

• Faire relire horizontalement: «*J'ai tapé / J'ai nagé / J'ai regardé; Tu as tapé / Tu es allé...*».

2 Synthèse et élaboration de la règle

MÉMO

Les verbes en *-er* au passé composé

Le passé composé se forme en deux parties: le verbe (*avoir* ou *être*) au présent + le participe passé du verbe.

	CHANTER			TOMBER	
J'	**ai**	chant**é**	Je	**suis**	tomb**é(e)**
Tu	**as**	chant**é**	Tu	**es**	tomb**é(e)**
Il ou Elle	**a**	chant**é**	Il ou Elle	**est**	tomb**é(e)**
Nous	**avons**	chant**é**	Nous	**sommes**	tomb**é(e)s**
Vous	**avez**	chant**é**	Vous	**êtes**	tomb**é(e)s**
Ils ou Elles	**ont**	chant**é**	Ils ou Elles	**sont**	tomb**é(e)s**

Séances 3 et 4 : Exercices de systématisation et court projet d'écriture

Objectifs: – Mémoriser les notions essentielles.
– Réinvestir ses connaissances dans des exercices d'application.

Organisation: Travail individuel, correction individuelle ou collective.

Matériel: – Photocopies de la fiche élève n° 21 (voir ).
– Cahier d'essai.

Compétences abordées

Ex. 1: Savoir identifier des phrases écrites au passé.
Ex. 2: Savoir associer un sujet à un verbe conjugué au passé composé.
Ex. 3 et 5: Savoir trouver la forme verbale qui s'accorde avec le sujet.
Ex. 4: Savoir trouver le pronom qui s'accorde avec une forme verbale.
Ex. 6: Savoir transformer des phrases et effectuer l'accord sujet/verbe au passé composé.

Conjuguer les verbes en *-er* au passé composé

Je m'entraîne

1 Souligne les phrases au passé.

Dimanche dernier, j'ai fabriqué une cabane en bois.
L'année prochaine, nous rentrerons en CE2.
En ce moment, l'orage gronde !
Il y a deux ans, la rivière de notre village a débordé.
Hier soir, ils ont dérapé sur le verglas.

2 Relie chaque sujet à son verbe conjugué au passé composé. Attention aux accords !

Hier, ma sœur •	• avons nagé pendant une heure !
J' •	• sont tombées de l'escalier.
Léa et moi •	• avez déclenché l'alarme.
Vous •	• es allé au cinéma.
Elles •	• ai joué à la console de jeux.
Tu •	• a préparé le dîner.

3 Choisis la forme du verbe qui convient et récris la phrase.

Samedi dernier, Elisa — as organisé / a organisé / organisera — un goûter chez elle.

Il y a un mois, nous — allons / sommes allés / avons allés — en classe de mer.

L'an passé, tu — voyages. / a voyagé. / as voyagé.

4 Complète chaque phrase avec le pronom personnel qui convient.

.... ont trouvé la clef. .... as fermé la porte.
.... a rangé sa valise. .... avez parlé toute la nuit.
.... sommes montés dans le cerisier. .... suis allé à l'école.

5 Complète les phrases en conjuguant le verbe écrit entre parenthèses au passé composé.

À la fête de l'école les enfants .... (danser).
Hier, j' .... (téléphoner) à Lola.
Tu .... (entrer) par la fenêtre ?
Tout à l'heure, vous............................ (compter) votre argent.
Samedi dernier, nous .... (aller) au cirque.

6 Récris les phrases en changeant de sujet.

Hier, Mathilde a préparé une tarte au citron.
Hier, tu

Il y a trois ans, nous avons visité ce zoo.
Il y a trois ans, vous

Je suis étonné de le voir ici.
Mon père

J'écris

7 Lis le début de l'histoire puis écris la fin en observant les illustrations.

Hier matin, mon copain Mathieu et moi sommes allés à la piscine.
Nous nous sommes bien amusés.

22

Approche de la notion d'adverbe

➥ *Il est vivement conseillé de se reporter à la démarche générale, aux pistes pédagogiques et à la fiche guidée proposées dans l'introduction (p. 7), notamment pour la lecture du texte et l'élaboration de la règle qui suivent une mise en œuvre précise.*

Séance 1 : Découverte de la notion

Objectifs :	– Comprendre que certains mots peuvent modifier ou préciser le sens d'un verbe. – Identifier et utiliser des adverbes.
Organisation :	Travail collectif et individuel.
Matériel :	– Texte à trous photocopié pour chaque élève. (Annexe 22) – Texte à trous reproduit au tableau. – Colliers-figurines (verbe, sujet). – Étiquettes-mots pour manipulation collective. (Annexe 22) très · bien · jamais · toujours · souvent · beaucoup · peu · mal · mange Antoine · Clarisse · Amed · Alina · Bastien · Alex

● Déroulement

1 Lecture et compréhension du texte

À la cantine

À la cantine… Alex mange vite et termine toujours le premier.

Antoine mange salement et renverse toujours son verre.

Clarisse mange peu et grignote des bonbons toute la journée.

Amed mange proprement et ne se fait jamais de tache.

Alina mange lentement et termine toujours la dernière.

Bastien mange beaucoup et a toujours faim.
Et Madame Mimolette ne mange pas, mais elle sert les enfants toujours avec le sourire !

N.B. : Les mots encadrés dans le texte ci-dessus sont effacés dans le texte du CD-Rom.

Faire lire silencieusement le texte à trous.

Puis demander à un ou deux élèves de lire à haute voix.

Laisser réagir les enfants.

Demander aux enfants ce que l'on peut comprendre malgré les mots manquants.

2 Mise en scène

Première étape

• Distribuer les étiquettes-mots aux enfants et les lire à haute voix.

• Faire venir au tableau les enfants qui possèdent les étiquettes permettant de former la phrase : « Alex mange ______ ».

Faire identifier le verbe et le sujet et donner les colliers-figurines correspondants.

Faire remarquer que le verbe *mange* est seul, il manque dans le texte un mot qui est placé juste après.

• Demander aux élèves qui pensent avoir le mot manquant de venir successivement se placer au bon endroit.

Faire lire la ou les phrases proposées à haute voix.

• Le groupe-classe valide et justifie les propositions en s'appuyant sur les phrases du texte : certaines propositions ne sont pas compatibles. Exemple : « *Alex mange lentement et termine toujours le premier...* »

Après validation, faire coller l'étiquette du mot dans le texte du tableau.

• Faire relire le texte depuis le début pour vérifier sa cohérence.

• Adopter la même démarche pour toutes les phrases.

• Demander aux élèves de relire tous les mots rajoutés.

• Faire émerger leur rôle dans la phrase (ils servent à préciser la façon de manger de chaque enfant).

Deuxième étape

• Demander aux élèves de relire individuellement leur texte puis de le compléter en écrivant en vert les mots qui manquent. On pourra présenter le terme « adverbe » comme un mot que l'on ajoute au verbe pour donner des précisions.

• Procéder à une correction collective et orale.

Séance 2 : Construction de la notion

Objectifs :

– Mémoriser le rôle des adverbes.

– Connaître et utiliser certains adverbes pour modifier ou préciser le sens d'un verbe.

Organisation : Travail de recherche en binôme et collectif puis travail collectif.

Matériel :

– Une photocopie des phrases à compléter et du jeu d'étiquettes par binôme. (Annexe 22)

– Les étiquettes-mots agrandies ou reproduites sur une bande de papier (type rouleau de caisse enregistreuse).

fort | vite | soigneusement | mal | salement | beaucoup | bien | méchamment

rapidement | lentement | gentiment | doucement | debout | toujours

Mon frère parle (x3) | Marine joue (x3) | La maîtresse écrit (x3)

Déroulement

1 Manipulations et recherches

• Distribuer la feuille avec les phrases et les adverbes et faire lire silencieusement les 3 phrases: «*Mon frère parle.*»; «*Marine joue.*»; «*La maîtresse écrit.*».

Pendant ce temps, les écrire au tableau en les disposant sur 3 colonnes.

• Envoyer un élève souligner le verbe en rouge et faire écrire V en dessous.

• Faire découper les étiquettes (adverbes et phrases).

Pendant ce temps, afficher les étiquettes collectives au tableau.

Faire lire les adverbes à haute voix.

• Demander aux élèves de rappeler à quoi servent ces mots (à préciser le sens du verbe).

Faire relire les 3 phrases.

• Demander aux élèves de trouver 3 adverbes qui changent le sens des verbes «parle», «joue», «écrit» et de poser leurs étiquettes après le verbe. Laisser les enfants rechercher.

Faire coller les étiquettes sur une feuille quand le travail de recherche est terminé.

• Procéder à une mise en commun: envoyer au tableau des élèves afficher les grandes étiquettes des adverbes.

Faire lire la nouvelle phrase formée: *Mon frère parle vite / Mon frère parle beaucoup / Mon frère parle méchamment / Mon frère parle mal...*

À chaque fois, demander à l'enfant de mimer pour s'assurer qu'il a compris le sens de l'adverbe.

Faire valider par le groupe-classe.

• Procéder de la même manière pour les trois phrases.

• Faire remarquer que certains adverbes peuvent convenir à plusieurs verbes.

• Faire relire par chaque enfant une phrase produite.

2 Synthèse et élaboration de la règle

MÉMO

L'adverbe

Pour modifier ou préciser le sens d'un verbe, je peux ajouter un adverbe. Il se place souvent à côté du verbe.

Exemples:

Ma sœur écrit ***mal****. / Ma sœur écrit* ***bien****. / Ma sœur écrit* ***soigneusement****.*

Séances 3 et 4 : Exercices de systématisation et court projet d'écriture

Objectifs: – Mémoriser les notions essentielles.
– Réinvestir ses connaissances dans des exercices d'application.

Organisation: Travail individuel, correction individuelle ou collective.

Matériel: – Photocopies de la fiche élève n° 22 (voir).
– Cahier d'essai.

Compétences abordées

Ex. 1 : Savoir reconstruire des phrases qui ont des adverbes.
Ex. 2 : Savoir compléter une phrase avec un adverbe.
Ex. 3 : Savoir comprendre le type de renseignement que donne un adverbe.
Ex. 4 : Savoir construire un adverbe à partir d'un adjectif.
Ex. 5 : Savoir associer un adjectif à un adverbe.

Approche de la notion d'adverbe

Je m'entraîne

1 Souligne le verbe en rouge et relie d'un trait les deux morceaux de phrase qui se complètent.

La tortue marche •	• courageusement le tigre.
Le papillon se pose •	• rageusement le mouton.
Le loup attaque •	• silencieusement dans la savane.
L'éléphant charge •	• lentement vers la salade.
La panthère se déplace •	• légèrement sur la fleur.

2 Complète avec l'adverbe qui convient.

demain / bientôt / soigneusement / adroitement / bien / vite

Ma petite sœur aura .... trois ans.

Antoine range .... ses livres.

Mon père conduit ....

Nous partirons en voyage ....

Ma grand-mère plie .... son linge.

Le jongleur rattrape .... ses balles.

3 Dans les phrases ci-dessus, recopie les adverbes qui répondent :

– **à la question** ***où ?*** ....

– **à la question** ***quand ?*** ....

– **à la question** ***comment ?*** ....

4 Relie d'un trait l'adjectif et l'adverbe qui correspondent.

joyeux •	• gaiement
sérieux •	• rapidement
triste •	• joyeusement
gai •	• sérieusement
rapide •	• tristement

5 Complète avec l'adverbe qui correspond à l'adjectif en gras.

Max est **sale**, il dessine..

Le cheval est **rapide**, il galope..

Marine est **propre**, elle mange ....

L'escargot est **lent**, il avance...

Le maître est **sévère**, il punit...

J'écris

6 Écris 5 phrases en utilisant un adverbe différent dans chacune.

sagement / jamais / ensuite / dehors / soigneusement

Les verbes *être* et *avoir* au passé composé

➥ *Il est vivement conseillé de se reporter à la démarche générale, aux pistes pédagogiques et à la fiche guidée proposées dans l'introduction (p. 7), notamment pour la lecture du texte et l'élaboration de la règle qui suivent une mise en œuvre précise.*

Séance 1 : Découverte de la notion

Objectifs : – Identifier les formes verbales des verbes *être* et *avoir* au passé composé dans une phrase.
– Comprendre leur formation.
– Conjuguer *être* et *avoir* au passé composé.

Organisation : Travail collectif.

Matériel : – Texte photocopié pour chaque élève. (Annexe 23)
– Colliers-figurines (verbe).
– Étiquettes pour manipulation collective. (Annexe 23)

pronoms personnels : [j'] [tu] [il] [elle] [nous] [vous] [ils] [elles]

verbes : [ai] [as] [a] [avons] [avez] [ont] [suis] [es] [est] [sommes] [êtes] [sont] [eu] [été]

• Déroulement

1 Lecture et compréhension du texte

L'indigestion

La sorcière Carabouille est très fâchée. Hier soir, Crustacé, son lapin, a mangé tout le plat de carottes à la crème d'araignées. Ce matin, il vient se plaindre à Carabouille :
« J'ai été malade toute la nuit. J'ai eu très mal au ventre. S'il te plaît, donne-moi un remède magique ! »
Carabouille ne décolère pas ! Elle crie :
« Tu as eu mal au ventre toute la nuit ! Tu as été malade ! Tu as été puni de ta gourmandise ! », Carabouille crie si fort que Pustulo le crapaud s'approche :
« Que se passe-t-il ? demande-t-il.
– Il se passe, répond la sorcière rouge de colère, que Crustacé s'est goinfré, il a été malade toute la nuit et il a eu mal au ventre. Pour le punir de sa gourmandise, il boira du jus de topinambour poivré toute la journée ! »

Organiser une lecture dialoguée avec 4 élèves (3 personnages + 1 narrateur).

2 Mise en scène

• Écrire au tableau la phrase: « *Crustacé a mangé toutes les carottes.* »

Envoyer un élève souligner le verbe en rouge et écrire V en dessous et en bleu le sujet.

Faire rappeler quel est l'infinitif du verbe et à quel temps il est conjugué.

Écrire au tableau « passé composé » et faire rappeler sa formation: verbe *avoir* ou *être* au présent + participe passé.

Rappeler qu'on parle de passé composé car « composé » signifie « qui est formé de plusieurs parties ».

• Employer à l'oral le verbe *avoir* au passé composé dans différentes phrases.

• Distribuer les étiquettes collectives.

Appeler trois élèves au tableau pour jouer les rôles de Crustacé, Carabouille et Pustulo. Demander à Crustacé de parler à Carabouille: « ***J'ai été*** *malade toute la nuit.* ***J'ai eu*** *très mal au ventre.* »

• Faire venir au tableau les enfants qui possèdent les étiquettes permettant de former « j'ai été » et « j'ai eu ».

Faire valider par le groupe-classe.

• Donner le collier-figurine du verbe.

• Écrire au tableau les formes verbales exactes.

• Procéder de la même manière que précédemment pour:

– Carabouille s'adresse à son lapin Crustacé: « *Tu as été malade, tu as eu mal au ventre.* »

– Carabouille parle de son lapin et dit: « *Il a été malade, il a eu mal au ventre.* »

– Carabouille aussi a mangé trop de carottes, elle dit: « *Nous avons été malades, nous avons eu mal au ventre.* »

– Pustulo s'adresse à Carabouille et Crustacé, il dit: « *Vous avez été malades, vous avez eu mal…* »

– Pustulo parle aux enfants de la classe, il dit: « *Ils ont été malades, ils ont eu mal…* »

• Faire relire à voix haute les conjugaisons complètes des verbes *être* et *avoir* écrites au tableau.

Faire remarquer que les changements du verbe conjugué ne s'entendent pas toujours, mais qu'ils se voient à l'écrit. Exemple: *as eu / a eu.*

Demander aux élèves de chercher l'infinitif des verbes conjugués (pour les aider, leur proposer de mettre les phrases au présent). Écrire les mots « être » et « avoir » au-dessus de chaque colonne au tableau.

• Faire relire la conjugaison du verbe *être*.

Faire observer et analyser sa formation: verbe *avoir* au présent + *été*.

Demander à un élève d'entourer le mot « été ».

• Dire que ce mot s'appelle « le participe passé » du verbe *être*.

• Procéder de la même manière pour le verbe *avoir* (*avoir* + *eu*).

• Faire émerger une synthèse orale:

– Pour écrire le verbe *avoir* au passé composé, on écrit le verbe *avoir* au présent et on ajoute « eu ».

– Pour écrire le verbe *être* au passé composé, on écrit le verbe *avoir* au présent et on ajoute « été ».

Séance 2 : Construction de la notion

Objectifs: – Élaborer un tableau de conjugaison de *être* et *avoir* au passé composé.
– Mémoriser les formes de ces verbes au passé composé.

Organisation: Travail de recherche en binôme et collectif.

Matériel: – Une photocopie par binôme du tableau à compléter et des étiquettes-verbes. (Annexe 23)

Être				Avoir			
J'			en colère	J'			froid
Tu			en colère	Tu			froid
Il ou Elle			en colère	Il ou Elle			froid
Nous			en colère	Nous			froid
Vous			en colère	Vous			froid
Ils ou Elles			en colère	Ils ou Elles			froid

[ai] [ai] [as] [as] [avons] [avons] [a] [a] [avez] [avez] [ont] [ont] [été (x6)] [eu (x6)]

Déroulement

1 Manipulations et recherches

• Procéder à un rappel de la séance précédente (le passé composé est un temps du passé; ce qui change: l'auxiliaire; ce qui reste identique: le participe passé).

• Distribuer la feuille annexe.

Laisser les enfants lire silencieusement et réagir.

Procéder à une analyse du tableau en faisant:

– repérer les verbes à l'infinitif (*être / avoir*);

– lire à haute voix les pronoms de conjugaison.

• Faire découper les étiquettes puis compléter le tableau en trouvant les formes manquantes parmi les étiquettes. Laisser les enfants rechercher.

• Mettre en commun: envoyer des élèves écrire les verbes dans le tableau.

• Faire valider par le groupe-classe.

Faire relire verticalement à haute voix la conjugaison du verbe *être* au passé composé puis du verbe *avoir*.

Faire relire horizontalement: « *J'ai été / j'ai eu; tu as été / tu as eu...* »

2 Synthèse et élaboration de la règle

MÉMO

Le passé composé

Construction du passé composé : avoir + eu (*avoir*)
avoir + été (*être*)

Verbe *avoir* conjugué au passé composé	**Verbe *être* conjugué au passé composé**
J'ai eu	J'ai été
Tu as eu	Tu as été
Il ou Elle a eu	Il ou Elle a été
Nous avons eu	Nous avons été
Vous avez eu	Vous avez été
Ils ou Elles ont eu	Ils ou Elles ont été

Séances 3 et 4 : Exercices de systématisation et court projet d'écriture

Objectifs: – Mémoriser les notions essentielles.
– Réinvestir ses connaissances dans des exercices d'application.

Organisation: Travail individuel, correction individuelle ou collective.

Matériel: – Photocopies de la fiche élève n° 23 (voir).
– Cahier d'essai.

Compétences abordées

Ex. 1: Savoir reconnaître à quel temps sont conjugués les verbes *être* et *avoir*.
Ex. 2: Savoir trouver le pronom personnel qui s'accorde avec la forme conjuguée.
Ex. 3 et 5: Savoir trouver la forme verbale qui s'accorde avec le sujet.
Ex. 4: Savoir transformer des phrases du présent au passé composé.

Les verbes *être* et *avoir* au passé composé

Je m'entraîne

❶ Dans chaque phrase souligne le verbe en rouge.
Puis écris s'il est conjugué au *présent* ou au *passé composé*.

Vous avez envie de rire. → ....

Ils sont courageux. → ....

Elles ont eu la varicelle. → ....

Victor a eu un vélo neuf. → ....

Nous sommes fatigués. → ....

Ils ont été courageux. → ....

La poule a eu cinq poussins. → ....

❷ Écris le pronom personnel qui convient.

.... ai eu de la patience.

.... ont eu une bonne idée.

.... avons eu un accident.

.... avez été récompensés.

.... as eu le plaisir de rencontrer ce pianiste.

.... a été timide.

❸ Complète les phrases en conjuguant au passé composé le verbe écrit entre parenthèses.

Ma petite sœur.......................... (être) sage.

Ils.......................... (avoir) un poisson rouge.

Nous.......................... (avoir) un maître remplaçant.

Il.......................... (être) très polisson.

J'.......................... (être) en retard.

Vous.......................... (avoir) très chaud en Amazonie.

Tu.......................... (être) bon joueur.

❹ Récris les phrases en mettant le verbe au passé composé.

Marine a un chapeau rose.

Vous avez de la chance !

Tu es très fatigué.

Nous sommes émerveillés par le feu d'artifice.

Vous êtes souvent absents.

❺ Complète avec *a eu / as eu / a été / as été.*

Mon père .... un train à huit heures.

Tu .... le premier arrivé.

Ma grand-mère .... opérée la semaine dernière.

Elle .... tort de partir.

Tu .... deux médailles cet hiver.

J'écris

❻ Sur ton cahier, écris des phrases pour répondre aux questions.

Quel cadeau as-tu eu pour Noël ?

Et tes camarades, qu'ont-ils eu ?

24

Les verbes en -*er* à l'imparfait

➥ *Il est vivement conseillé de se reporter à la démarche générale, aux pistes pédagogiques et à la fiche guidée proposées dans l'introduction (p. 7), notamment pour la lecture du texte et l'élaboration de la règle qui suivent une mise en œuvre précise.*

Séance 1 : Découverte de la notion

Objectifs : – Identifier les formes verbales des verbes du 1er groupe conjugués à l'imparfait dans une phrase.
– Comprendre comment se forme l'imparfait des verbes réguliers en -*er*.

Organisation : Travail collectif.

Matériel : – Ardoise individuelle, un feutre, un chiffon.
– Colliers-figurines (verbe, pronom personnel).
– Texte ci-dessous photocopié pour chaque élève. (Annexe 24)
– Grandes étiquettes pour manipulation collective (Annexe 24).

pronoms sujets : [je] [tu] [il] [elle] [nous] [vous] [ils] [elles]

formes verbales du verbe *jouer* au présent : [joue] [joues] [joue] [jouons] [jouez] [jouent]

formes verbales du verbe *jouer* à l'imparfait : [jouais] [jouais] [jouait] [jouions] [jouiez] [jouaient]

• Déroulement

1 Lecture et compréhension du texte

Frères et sœurs

Agathe arrive en pleurant dans la cuisine :

« Maman, Maman ! Thomas n'arrête pas de m'embêter, je jouais tranquillement quand il m'a pris mon ballon !

Thomas réplique aussitôt :

– Tu ne jouais pas tranquillement, tu jouais à embêter le chien !

– Ce n'est pas vrai ! Je lançais le ballon au chien et il jouait à le rattraper !

– Tu faisais exprès de lui lancer sur la tête ! renchérit Thomas.

Maman perd patience :

– Ça suffit les disputes ! À la maison, quand j'étais petite, nous étions quatre frères et sœurs, nous jouions toujours ensemble sans jamais nous disputer…

Thomas répond d'un petit air malicieux :

– Bien sûr, vous jouiez ensemble avec tata Janette, parce que vous étiez deux filles.

– C'est vrai, dit maman, en général les filles jouaient d'un côté et les garçons de l'autre !

– Eh bien ! répond Thomas plus malicieux que jamais. Tu n'as qu'à m'offrir un petit frère ! »

2 Mise en scène

Première étape

• Faire relire chaque phrase du texte et faire préciser à chaque fois si elle est écrite au présent ou au passé; l'écrire en haut du tableau.

Faire rappeler comment se conjugue le verbe *jouer* au passé composé.

Expliquer que, dans les phrases, les verbes ne sont pas conjugués au passé composé mais à l'imparfait: c'est un autre temps du passé.

Écrire les mots «présent» et «imparfait» au tableau.

Faire chercher le verbe qui revient le plus souvent dans le texte, et écrire «jouer» en haut du tableau.

• Organiser un petit jeu de rôle avec trois enfants (Agathe, Thomas et la maman):

– Agathe dit à sa maman ce qu'elle faisait avant l'arrivée de son frère: «***je jouais*** *tranquillement*».

– Thomas s'adresse à sa sœur et dit: «***tu jouais***».

– Agathe parle de son chien, elle utilise et dit: «***il jouait***».

– La mère raconte ce qu'elle faisait avec sa sœur en s'adressant à ses enfants: «***nous jouions***».

– Thomas s'adresse à sa mère en parlant d'elle et de sa tante Janette, il dit: «***vous jouiez***».

• À chaque fois, faire chercher sur l'ardoise l'écriture des formes verbales.

Relever les différentes propositions en montrant les ardoises à la classe.

Faire valider en éliminant d'abord les propositions phonétiquement incorrectes, puis en faisant chercher la bonne orthographe dans le texte.

Écrire au tableau la forme verbale corrigée.

• Faire relire à haute voix la conjugaison complète du verbe. Demander aux élèves d'entourer en rouge l'ensemble des formes verbales et en bleu l'ensemble des pronoms sujets.

Afficher les colliers-figurines.

Répéter que le verbe *jouer* est conjugué à l'imparfait.

Deuxième étape

• Distribuer une étiquette à chaque élève.

Faire venir au tableau les élèves qui possèdent les étiquettes permettant de former «je joue».

Demander à un élève de repérer le verbe et de rappeler qu'il est au présent.

Donner le collier-figurine verbe à l'enfant qui tient «joue» et le collier-figurine pronom personnel à celui qui tient «je».

• Demander aux élèves de modifier le verbe et de le conjuguer à l'imparfait (exemple: «hier, je ....») : faire permuter les enfants pour remplacer «joue» par «jouais».

Faire valider l'orthographe.

• Faire repérer la nouvelle forme du verbe et les modifications dans la terminaison: *-ais* à la place de *-e*.

Faire rappeler que la partie «jou» ne change pas.

• Tracer un trait vertical au tableau et écrire « Présent » et « Imparfait » en haut de chaque colonne.

Afficher au tableau les étiquettes « je joue » et « je jouais » dans les colonnes « Présent » et « Imparfait ».

• Procéder de la même manière pour la suite et pour toutes les personnes de conjugaison.

• Faire relire au tableau le verbe *jouer* conjugué au présent et à l'imparfait.

Demander à un ou deux élèves de venir entourer en couleur les terminaisons.

Faire relire et épeler les terminaisons du présent et les terminaisons de l'imparfait : *-ais, -ais, -ait, -ions, -iez, -aient*.

• Amener à la conclusion que pour conjuguer un verbe à l'imparfait, on trouve la partie commune en enlevant *-er* du verbe à l'infinitif et on rajoute les terminaisons (*-ais, -ais, -ait, -ions, -iez, -aient*).

Séance 2 : Construction de la notion

Objectifs :

– Conjuguer le verbe *jouer* à l'imparfait.

– Comprendre que tous les verbes dont l'infinitif se termine par *-er* se conjuguent de la même façon.

– Mémoriser les terminaisons de l'imparfait des verbes du 1er groupe.

Organisation : Travail de recherche en binôme puis travail collectif.

Matériel :

– Une photocopie par binôme du tableau à compléter et des étiquettes. (Annexe 24)

– Reproduction en grand, au tableau, du tableau de conjugaison à compléter.

– Reproduction des étiquettes pour manipulation collective. (Annexe 24)

IMPARFAIT					
Sauter		**Parler**		**Manger**	
Je		Je	parlais	Je	
Tu	sautais	Tu		Tu	
Il ou Elle		Il ou Elle		Il ou Elle	mangeait
Nous	sautions	Nous		Nous	
Vous		Vous	parliez	Vous	
Ils ou Elles		Ils ou Elles		Ils ou Elles	mangeaient

sautais | sautait | sautiez | sautaient | parlais | parlait | parlions | parlaient | ont parlé

marchais | mangeais | mangeais | mangeais | mangions | mangiez | mangeons

• Déroulement

1 Manipulations et recherches

• Procéder à un rappel de la séance précédente (rappel de la partie fixe du verbe et des terminaisons de l'imparfait).

• Distribuer le tableau à compléter et laisser les enfants lire silencieusement.

• Proposer une analyse collective du tableau en faisant :

– repérer les verbes à l'infinitif (*sauter / parler / manger*) ;

– remarquer que les trois verbes se terminent par *-er*, comme *jouer* vu à la dernière séance, et faire entourer en couleur *-er* ;

– rappeler que les verbes sont conjugués à l'imparfait et qu'ils indiquent ce qui est déjà passé ;

– lire à haute voix les pronoms de conjugaison.

• Faire découper les étiquettes puis compléter le tableau en trouvant les formes manquantes parmi les étiquettes.

• Prévenir qu'il y a des intrus.

Après un temps de recherche en binôme, procéder à une mise en commun en envoyant des élèves écrire les verbes dans le tableau.

• Faire valider par le groupe-classe.

• Faire relire verticalement à haute voix la conjugaison du verbe *sauter* à l'imparfait, puis du verbe *parler* à l'imparfait, puis du verbe *manger* à l'imparfait en faisant épeler les terminaisons. Exemple : « je parlais *-ais*, tu parlais *-ais...* ».

Faire entourer les terminaisons en couleur.

Faire relire horizontalement : « je sautais *-ais*, je parlais *-ais*, je mangeais *-ais*, tu sautais -*ais*, tu parlais *-ais*, tu mangeais *-ais*, etc.

• Attirer l'attention sur l'écriture de « mangeais », et non pas « mangais », en faisant justifier la présence de la lettre « e ».

2 Synthèse et élaboration de la règle

MÉMO

Les verbes en -*er* conjugués à l'imparfait

Pour conjuguer un verbe en *-er* à l'imparfait, il faut écrire :
l'infinitif du verbe + la terminaison.

JOUER

Je jou**ais**
Tu jou**ais**
Il ou Elle jou**ait**
Nous jou**ions**
Vous jou**iez**
Ils ou Elles jou**aient**

Séances 3 et 4 : Exercices de systématisation et court projet d'écriture

Objectifs: – Mémoriser les notions essentielles.
– Réinvestir ses connaissances dans des exercices d'application.

Organisation: Travail individuel, correction individuelle ou collective.

Matériel: – Photocopies de la fiche élève n° 24. (voir)
– Cahier d'essai.

Compétences abordées

Ex. 1 : Savoir identifier des phrases au passé.
Ex. 2 : Savoir associer un sujet à une forme verbale à l'imparfait.
Ex. 3 : Savoir trouver la forme verbale qui s'accorde avec le sujet.
Ex. 4 : Savoir trouver le pronom personnel qui s'accorde avec la forme verbale.
Ex. 5 : Savoir conjuguer des verbes du premier groupe à l'imparfait dans une phrase.
Ex. 6 : Savoir transformer des phrases et effectuer l'accord sujet/verbe à l'imparfait.

Les verbes en *-er* à l'imparfait

Je m'entraîne

1 Souligne les phrases au passé.

Quand j'étais petit, j'avais un élevage de tortues.
L'année prochaine, nous achèterons une maison.
Aujourd'hui, le soleil brille !
Autrefois, les écoliers écrivaient à la plume.
L'année dernière, vous avez dansé sur cette scène.

2 Relie chaque sujet à son verbe conjugué à l'imparfait. Attention aux accords !

Autrefois, mes parents	•	•	laviez votre linge à la main.
Je	•	•	travaillaient tous les jours de la semaine.
Mon frère et moi	•	•	jardinait beaucoup.
Vous	•	•	préparais des plats succulents.
Mon père	•	•	pêchais des tas de poissons.
Tu	•	•	marchions une heure pour aller à l'école.

3 Choisis la forme du verbe qui convient et récris la phrase.

Il y a dix ans, tu fêtais / fêtaient / fêtait tes soixante ans.

Jadis, les enfants travaillait / travaillais / travaillaient dans les champs.

4 Complète chaque phrase avec le pronom personnel qui convient.

.... coupait le bois.
.... jardiniez.
.... marchions longtemps.
.... fermaient la porte.
.... réparaient les voitures.
.... soignais les malades.
.... parlais sans t'arrêter.
.... arrachiez des arbres.

5 Complète les phrases en conjuguant le verbe écrit entre parenthèses à l'imparfait.

À l'anniversaire de Marin, vous .... (danser).
Autrefois, mon oncle .... (enseigner).
Avant, je .... (distribuer) le courrier.
Petits, nous .... (regarder) des dessins animés.
Jadis, ils .... (monter) tout en haut de la montagne.

6 Récris les phrases en changeant de sujet.

Hier, Lucette plantait des fleurs dans le jardin.

Hier, tu

Autrefois, nous mangions à la lueur des bougies.

Autrefois, vous

Petite, je sautais dans les flaques d'eau.

Petites, Claire et Lili

J'écris

7 Sur ton cahier, écris une phrase pour chaque image en expliquant comment vivaient les gens il y a cent ans. Pour t'aider, utilise les verbes : porter / donner / s'éclairer / laver.

Commence par : « *Autrefois,...* »

25

Les verbes *être* et *avoir* à l'imparfait

➥ *Il est vivement conseillé de se reporter à la démarche générale, aux pistes pédagogiques et à la fiche guidée proposées dans l'introduction (p. 7), notamment pour la lecture du texte et l'élaboration de la règle qui suivent une mise en œuvre précise.*

Séance 1 : Découverte de la notion

Objectifs: – Identifier les formes verbales des verbes *être* et *avoir* conjugués à l'imparfait dans une phrase.
– Conjuguer *être* et *avoir* à l'imparfait.

Organisation: Travail collectif.

Matériel: – Texte ci-dessous photocopié pour chaque élève. (Annexe 25)
– Colliers-figurines (verbe, pronom personnel).
– Grandes étiquettes pour manipulation collective. (Annexe 25)

pronoms sujets en double: [j'] [je] [tu] [il] [elle] [nous] [vous] [ils] [elles]

formes verbe *être*: [étais] [étais] [était] [étions] [étiez] [étaient]

formes verbe *avoir*: [avais] [avais] [avait] [avions] [aviez] [avaient]

• Déroulement

1 Lecture et compréhension du texte

Une chanson de sorcière

La sorcière Carabouille vient d'inventer une chanson:
« Quand j'étais jeune sorcière, j'avais les dents en arrière… tralalère…
Quand tu étais petit garçon, tu avais le ventre rond… tralalon…
Quand elle était enrhumée, elle avait la goutte au nez… tralalé…
Quand nous étions déguisés, nous avions un très gros nez… tralalé…
Quand vous étiez fatigués, vous aviez très mal aux pieds… tralalé…
Quand ils étaient en colère, ils avaient les yeux à l'envers… tralalère…
La vie c'est éclatant, et plus marrant en chantant… »

On pourra faire chanter la chanson sur l'air de « En chantant » de M. Sardou.

2 Mise en scène

Première étape

• Faire relire par 6 élèves, chacun lisant une phrase du texte.

Demander aux élèves de trouver à quel temps sont écrites les six premières phrases de la chanson (au passé) et la dernière (au présent).

• Faire relire la première phrase.

Demander aux élèves ce que l'on dit si:

– on parle de soi → « *J'étais jeune, j'avais les dents en arrière.* »

– on parle à quelqu'un → « *Tu étais jeune, tu avais les dents en arrière.* »

– on parle d'un garçon → « *Il était jeune, il avait les dents en arrière.* »

– on parle d'une fille → « *Elle était jeune, elle avait les dents en arrière.* »

– on parle de nous tous ensemble (les autres + moi) → « *Nous étions jeunes, nous avions les dents en arrière.* »

– on parle à un groupe de personnes dont on ne fait pas partie (les autres) → « *Vous étiez jeunes, vous aviez les dents en arrière.* »

– on parle d'un groupe de garçons → « *Ils étaient jeunes, ils avaient les dents en arrière.* »

– on parle d'un groupe de filles → « *Elles étaient jeunes, elles avaient les dents en arrière.* »

Deuxième étape

• Distribuer une étiquette à chaque élève.

• Faire relire la première phrase: « *Quand j'étais jeune sorcière, j'avais les dents en arrière.* »
Rappeler que cette phrase est au passé.

• Faire venir les 4 élèves dont les étiquettes permettent de former: « j'étais, j'avais ».

Faire valider l'orthographe par une vérification dans le texte.

Donner aux enfants qui possèdent les étiquettes « étais » et « avais » les colliers-figurines verbes et à ceux qui possèdent « Je » , « J' », les colliers des pronoms personnels.

Laisser les élèves observer et trouver les trois lettres communes des terminaisons *-ais*.

Afficher au tableau les étiquettes « j'étais », « j'avais ».

• Faire relire la deuxième phrase: « *Tu étais petit garçon, tu avais le ventre rond.* »

Faire venir les 4 élèves dont les étiquettes permettent de former: « tu étais, tu avais ».

Procéder de la même manière pour la suite et pour toutes les personnes de conjugaison.

• Faire relire au tableau le verbe *être* puis le verbe *avoir* conjugués qui sont affichés.

Faire entourer en couleur les terminaisons puis les faire relire.

Demander de trouver l'infinitif des verbes puis de chercher à quel temps correspondent les terminaisons.

Faire lire à voix haute l'affiche du verbe *jouer* à l'imparfait.

• À ce stade, le groupe-classe, aidé par l'enseignant, fait émerger oralement que les terminaisons des verbes *être* et *avoir* conjugués à l'imparfait sont les mêmes: *-ais, -ais, -ait, -ions, -iez, -aient*. Ils sont donc conjugués eux-mêmes à l'imparfait.

Séance 2 : Construction de la notion

Objectifs: – Élaborer un tableau de conjugaison de *être* et *avoir* à l'imparfait.
– Mémoriser les formes de ces verbes à l'imparfait.

Organisation: Travail de recherche en binôme et collectif puis travail collectif.

Matériel: – Une photocopie des tableaux de conjugaison à compléter par binôme avec les étiquettes-verbes. (Annexe 25)
– Reproduction au tableau des deux tableaux de conjugaison à compléter.

ÊTRE à l'imparfait				AVOIR à l'imparfait		
Quand			petit			un doudou.
Quand			petit			un doudou.
Quand			petit			un doudou.
Quand			petit			un doudou.
Quand			petit			un doudou.
Quand			petit			un doudou.

pronoms sujets en double: [j'] [je] [tu] [il] [elle] [nous] [vous] [ils] [elles]

formes verbe *être*: [étais] [étais] [était] [étions] [étiez] [étaient]

formes verbe *avoir*: [avais] [avais] [avait] [avions] [aviez] [avaient]

Déroulement

1 Manipulations et recherches

• Procéder à un rappel de la séance précédente: faire relire sur l'affichage les verbes *avoir* et *être* à l'imparfait.

• Distribuer la photocopie du tableau et des étiquettes. Faire découper les étiquettes.
Faire compléter la feuille en conjuguant le verbe *avoir* et *être* à l'imparfait. Laisser un temps de recherche suffisant.

• Procéder à une correction collective en demandant aux élèves de venir écrire au tableau et d'entourer les terminaisons des verbes.

2 Synthèse et élaboration de la règle

MÉMO

L'imparfait

Verbe *avoir* conjugué à l'imparfait	**Verbe *être* conjugué à l'imparfait**
J'av**ais**	J'ét**ais**
Tu av**ais**	Tu ét**ais**
Il ou Elle av**ait**	Il ou Elle ét**ait**
Nous av**ions**	Nous ét**ions**
Vous av**iez**	Vous ét**iez**
Ils ou Elles av**aient**	Ils ou Elles ét**aient**

Séances 3 et 4 : Exercices de systématisation et court projet d'écriture

Objectifs:
- Mémoriser les notions essentielles.
- Réinvestir ses connaissances dans des exercices d'application.

Organisation: Travail individuel, correction individuelle ou collective.

Matériel:
- Photocopies de la fiche élève n° 25 (voir).
- Cahier d'essai.

Compétences abordées

Ex. 1: Savoir associer un sujet à une forme verbale à l'imparfait.

Ex. 2: Savoir associer le sujet et le verbe qui s'accordent.

Ex. 3: Savoir trouver le pronom personnel qui s'accorde avec la forme verbale.

Ex. 4: Savoir trouver la forme verbale qui s'accorde avec le sujet.

Ex. 5: Savoir transformer des phrases du présent à l'imparfait.

Les verbes *être* et *avoir* à l'imparfait

Je m'entraîne

❶ Relie chaque sujet à son verbe. Attention aux accords !

J' •	• étiez malades.
La maîtresse •	• avais dix ans.
Mes parents •	• étions à l'école.
Vous •	• avais trop chaud.
Nous •	• était absente.
Tu •	• avaient un chat roux.

❷ Choisis la forme du verbe qui convient et récris la phrase.

Jérémy avais / avaient / avait peur des araignées.

Tu étais / étaient / était en Italie.

J' avaient / avait / avais trois bonbons dans ma poche.

❸ Complète chaque phrase avec un pronom personnel qui convient.

.... avions soif après cette longue marche.

.... étions épuisés.

.... étais assise sur le canapé.

.... était de bonne humeur.

.... étaient avec leurs parents.

.... aviez envie de dormir.

.... avait une jolie robe.

.... était ravissante.

❹ Complète les phrases en conjuguant le verbe *être* ou *avoir* à l'imparfait.

Hier, nous.................. au cinéma : le film.................. très drôle.

La nuit dernière, vous.................. très chaud, car votre couette.................. épaisse.

Avant-hier, mon ami.................. en colère, mais il.................. tort.

Lundi dernier, j'.................. enrhumé et j'.................. mal à la tête.

En rentrant de vacances, tu.................. beaucoup de bagages et tu.................. bronzé.

❺ Récris les phrases à l'imparfait.

Je suis content de vous revoir.

Mon voisin a un grand jardin.

Nous sommes assis sur de la mousse.

Tu n'as pas faim.

J'écris

❻ Sur ton cahier, écris la réponse à chaque question en faisant une phrase.

1. Où étais-tu ce matin ?
2. Quel âge avais-tu l'an passé ?
3. Comment s'appelait ton maître ou ta maîtresse de l'an passé ?
4. Où étaient tes parents hier soir ?
5. Où étiez-vous en vacances l'été dernier ?

Les verbes en *-er* au futur

➥ *Il est vivement conseillé de se reporter à la démarche générale, aux pistes pédagogiques et à la fiche guidée proposées dans l'introduction (p. 7), notamment pour la lecture du texte et l'élaboration de la règle qui suivent une mise en œuvre précise.*

Séance 1 : Découverte de la notion

Objectifs:
- Définir la notion de futur.
- Comprendre comment se forme le futur des verbes réguliers en *-er*.
- Connaître les terminaisons des verbes en *-er* au futur.

Organisation: Travail collectif et individuel.

Matériel:
- Texte ci-dessous photocopié pour chaque élève. (Annexe 26)
- Texte reproduit en grand au tableau.
- Deux crayons de couleur par enfant.
- Une ardoise individuelle, un feutre, un chiffon.
- Colliers-figurines (verbe, pronom personnel).
- Jeu d'étiquettes-mots collectives. (Annexe 26)

Je	Tu	Il	Elle	Nous	Vous	Ils	Elles

jouerai	joueras	jouera	jouerons	jouerez	joueront

● Déroulement

1 Lecture et compréhension du texte

Un futur sportif

Papa tient son bébé dans les bras. Il déclare à sa femme :
« Je veux que notre fils soit un grand sportif.
Quand il aura six ans, il jouera au tennis. Et moi je jouerai contre lui !
Quand il aura douze ans, nous jouerons ensemble au rugby.
À quinze ans, lui et ses copains joueront au football ; moi je serai l'arbitre et toi ma chérie tu seras *supporter* ! Plus tard, quand il aura vingt ans, nous jouerons ensemble au hockey sur glace ! s'exclame le papa tout excité.
Sa femme l'interrompt avec un petit sourire moqueur.
– Ne fais pas trop de projets pour le futur, je te rappelle que quand ton fils sera adulte, toi tu ne seras plus très jeune… et tu joueras probablement dans le club des vétérans ! Peut-être que vous jouerez ensemble, mais au loto sportif seulement ! »

2 Mise en scène

Première étape

• Distribuer les étiquettes collectives.

• Appeler deux enfants au tableau pour jouer le rôle du papa et de la maman.

Demander au papa de dire ce que fera son fils quand il aura six ans: «*Il jouera au tennis.*»

• Faire venir au tableau les élèves qui possèdent les étiquettes permettant de former: «il jouera».

• Recueillir les différentes propositions orthographiques d'une même forme verbale (exemple: *il joueras / il jouera*).

• Faire valider par le groupe-classe l'orthographe en cherchant dans le texte.

Donner le collier-figurine du verbe à l'enfant qui possède l'étiquette.

Écrire au tableau la forme verbale exacte.

• Faire venir deux autres enfants au tableau pour jouer le rôle des parents.

Demander au papa de dire ce que lui fera: «*Je jouerai au tennis avec lui.*»

• Faire venir au tableau les élèves qui possèdent les étiquettes pour former: «je jouerai».

• Faire valider l'orthographe en cherchant dans le texte.

Donner le collier-figurine du verbe.

Écrire au tableau la forme verbale exacte. Faire préciser qu'il s'agit du futur : il sert à raconter ce qui se passera plus tard.

• Procéder de la même manière pour la suite:

– le papa dit ce que feront son fils et ses copains à quinze ans: «*Ils joueront au football.*»;

– le papa dit ce qu'ils feront avec son fils quand il aura vingt ans: «*Nous jouerons au hockey sur glace.*»;

– la maman dit au papa ce qu'il fera plus tard: «*Tu joueras dans le club des vétérans.*»;

– la maman dit au papa ce qu'il fera plus tard avec son fils: «*Vous jouerez au loto sportif.*».

• Faire relire à voix haute la conjugaison complète écrite au tableau.

• Faire remarquer que les changements du verbe conjugué ne s'entendent pas toujours mais qu'ils se voient à l'écrit (exemple: *joueras / jouera, jouerons / joueront*).

Demander quel est l'infinitif du verbe conjugué.

• Écrire le mot «jouer» au tableau.

Deuxième étape

• Appeler six nouveaux élèves au tableau, leur demander de prendre les étiquettes pour former: *je jouerai / tu joueras / il jouera*.

Faire repérer les sujets et les verbes et donner les colliers-figurines correspondants.

Faire rappeler que le verbe *jouer* est conjugué au futur.

• Demander aux élèves de retrouver dans les différentes formes du verbe la partie commune (le morceau de mot qui ne change pas) et de cacher avec leurs mains ce qui change pour bien faire apparaître la partie de mot: *jouer*.

• Envoyer un élève découper les étiquettes verbes après cette partie commune (*jouer ... ai / jouer ... as / jouer ... a*) et de montrer les deux parties.

• Faire identifier le verbe à l'infinitif.

• Demander alors aux enfants qui portent l'étiquette verbe de montrer uniquement la dernière partie du verbe (*ai / as / a*) en retournant l'autre partie de l'étiquette découpée (*jouer*). Faire rappeler qu'il s'agit des terminaisons.

• Écrire au tableau:

je	*jouer*	*ai*
tu	*jouer*	*as*
il	*jouer*	*a*

Faire observer que pour écrire au futur on écrit l'infinitif et on ajoute la terminaison.

• Appeler les six autres élèves et procéder de la même manière pour les personnes du pluriel (*nous jouerons / vous jouerez / ils joueront*).

• Faire relire la conjugaison complète écrite au tableau.

Faire entourer les terminaisons en rouge.

Les faire relire.

Troisième étape

• Demander de sortir les ardoises individuelles.

• Écrire l'infinitif « laver » au tableau. Le faire écrire sur l'ardoise.

Faire rappeler que pour écrire le verbe au futur on garde l'infinitif entier.

• Écrire ce radical au tableau et écrire le pronom « je » devant.

Faire dire à haute voix la conjugaison « je laverai ».

Faire écrire sur l'ardoise la terminaison manquante.

Relever les différentes propositions en montrant les ardoises.

• Faire valider la bonne terminaison en se reportant au tableau de conjugaison du verbe *jouer* établi précédemment et la faire écrire au tableau.

• Procéder de la même façon avec la suite des pronoms personnels puis en utilisant un autre verbe en *-er* (*nager / parler*...).

Séance 2 : Construction de la notion

Objectifs:
- Conjuguer les verbes en *-er* au futur.
- Comprendre l'organisation d'un tableau de conjugaison.
- Mémoriser les terminaisons du futur des verbes du 1er groupe.

Organisation: Travail de recherche en binôme et collectif puis travail collectif.

Matériel:
- Une photocopie par binôme du tableau de conjugaison à compléter et des étiquettes-verbes. (Annexe 26)
- Reproduction au tableau des tableaux de conjugaison à compléter.
- Reproduction des étiquettes-verbes pour manipulation collective. (Annexe 26)

FUTUR					
Chanter		**Embrasser**		**Nager**	
Je	chanterai	Je		Je	
Tu		Tu	embrasseras	Tu	
Il / Elle		Il / Elle	embrassera	Il / Elle	nagera
Nous	chanterons	Nous		Nous	
Vous		Vous		Vous	nagerez
Ils / Elles		Ils / Elles		Ils / Elles	

chanteras | chantera | sauteront | chanterons | chanterez | chanterais | embrasserons | chanteront | embrassez | embrasserez | embrasserai | embrasseront | nagerai | nageras | nagerez | nageront | nagerons | nagera

Déroulement

1 Manipulations et recherches

• Procéder à un rappel de la séance précédente : méthode pour conjuguer un verbe au futur (l'infinitif du verbe + la terminaison en fonction du sujet).

• Distribuer le tableau de conjugaison et laisser les enfants lire silencieusement.

Proposer une analyse collective du tableau en faisant :

– repérer les verbes à l'infinitif (*chanter / embrasser / nager*) ;

– remarquer que les trois verbes se terminent par *-er* comme *jouer* et faire entourer en couleur « er » ;

– rappeler que les verbes sont conjugués au futur et qu'ils indiquent ce qui va se passer ;

– lire à haute voix les pronoms de conjugaisons.

• Faire découper les étiquettes du bas du tableau.

Faire compléter le tableau avec les étiquettes en trouvant les formes manquantes. Prévenir qu'il y a des intrus. Laisser les enfants rechercher.

• Procéder à une mise en commun en envoyant des élèves écrire les verbes dans le tableau. Faire valider par le groupe-classe.

• Faire relire verticalement à haute voix la conjugaison du verbe *chanter* au futur, puis du verbe *embrasser*, puis du verbe *nager*.

Faire relire horizontalement : « *je chanterai / j'embrasserai / je nagerai / tu taperas / tu nageras…* ».

2 Synthèse et élaboration de la règle

MÉMO

Les verbes en *-er* au futur

Quand on veut raconter quelque chose qui aura lieu plus tard, on conjugue les verbes au futur.

Pour conjuguer un verbe en *-er* au futur, il faut écrire:
l'infinitif du verbe + la terminaison.

JOUER

Je joueր**ai**
Tu joue r**as**
Il ou Elle joue r**a**
Nous joue r**ons**
Vous joue r**ez**
Ils ou Elles joue r**ont**

Séances 3 et 4 : Exercices de systématisation et court projet d'écriture

Objectifs: – Mémoriser les notions essentielles.
– Réinvestir ses connaissances dans des exercices d'application.

Organisation: Travail individuel, correction individuelle ou collective.

Matériel : – Photocopies de la fiche élève n° 26 (voir *Picto*).
– Cahier d'essai.

Compétences abordées

Ex. 1: Savoir identifier des phrases au futur.
Ex. 2: Savoir associer un sujet à une forme verbale conjuguée au futur.
Ex. 3: Savoir trouver la forme verbale qui s'accorde avec le sujet.
Ex. 4: Savoir trouver le pronom personnel qui s'accorde avec la forme verbale.
Ex. 5: Savoir conjuguer des verbes du premier groupe au futur dans une phrase.
Ex. 6: Savoir transformer des phrases et effectuer l'accord sujet/verbe à l'imparfait.

Les verbes en *-er* au futur

Je m'entraine

❶ Souligne les phrases au futur.

Hier, j'ai dormi chez ma grand-mère.
L'année prochaine, je jouerai au tennis en club.
En ce moment, le vent souffle fort.
Demain, vous me donnerez mon cadeau d'anniversaire.
L'année dernière ma sœur était en CP.
Aux prochaines vacances, nous partirons en Corse.

❷ Relie chaque sujet à son verbe conjugué au futur. Attention aux accords !

Demain, tu •	• chantera devant un public.
Natacha •	• prépareras à manger.
Mes copains •	• nagerons dans la mer.
Vous •	• joueront un match de basket.
Luce et moi •	• rangerez vos affaires.
Je •	• donnerai un cadeau à papi.

❸ Choisis la forme du verbe qui convient et récris la phrase.

La semaine prochaine, Justine fêterons / fête / fêtera ses 8 ans.

Dans deux ans, nous achèteront / achèterons / achètera une nouvelle voiture.

Quand ils seront grands, Léa et Mathis se marierons. / se marient. / se marieront.

❹ Complète chaque phrase avec le pronom personnel qui convient.

.... trouveront du travail. .... fermeras la porte.
.... rangerez la classe. .... parlera en anglais.
.... jouerai au badminton. .... aimerez ce livre.
.... regarderons la télévision. .... écouteras bien la maîtresse.

❺ Complète les phrases en conjuguant le verbe écrit entre parenthèses au futur.

Demain, mon père et moi .... (laver) la voiture.
Ils .... (dîner) ensemble demain soir.
Dans dix ans, tu .... (bricoler) tout seul.
Bientôt, Mathéo .... (partager) sa chambre avec son frère.

❻ Récris les phrases en changeant de sujet.

Demain, Myriam présentera un livre.
Demain, tu

L'année prochaine, nous préparerons un spectacle de fin d'année.
L'année prochaine, vous

Les enfants passeront leurs vacances à la montagne.
L'enfant

J'écris

❼ Sur ton cahier, réponds aux questions en imaginant comment sera ton école dans mille ans !

1. À quoi joueront les enfants à la récréation ?
2. Comment les gens se déplaceront-ils ?
3. Que feront les élèves en classe ?
4. Que mangeront les enfants à la cantine ?

Les verbes *être* et *avoir* au futur

➥ *Il est vivement conseillé de se reporter à la démarche générale, aux pistes pédagogiques et à la fiche guidée proposées dans l'introduction (p. 7), notamment pour la lecture du texte et l'élaboration de la règle qui suivent une mise en œuvre précise.*

Séance 1 : Découverte de la notion

Objectifs:
- Identifier les verbes *être* et *avoir* conjugués au futur.
- Conjuguer *être* et *avoir* au futur.

Organisation: Travail collectif.

Matériel:
- Texte ci-dessous photocopié pour chaque élève. (Annexe 27)
- Colliers-figurines (verbe, pronom personnel).
- Une ardoise individuelle, un feutre, un chiffon.

● Déroulement

1 Lecture et compréhension du texte

Quand nous serons grands

Dans la cour de récréation les discussions vont bon train.

« Quand je serai grand, je serai président de la République et j'aurai un avion pour moi tout seul, déclare Max.

– Et toi Alice ? Qu'est-ce que tu seras ?

– Oh ! Moi je serai reine de mon pays et j'aurai plein de belles robes !

– Et tu auras plein de beaux chapeaux ! ajoute Max.

– Et vous les jumeaux, quel métier ferez-vous ?

– Nous serons acrobates dans un cirque et nous aurons des beaux costumes brillants.

– Vous serez acrobates ? Vous aurez le vertige ! répond Max en riant.

– Et Lulu, qui est toujours de mauvaise humeur, vous savez ce qu'il fera ?

Devinez : il aura une belle casquette, un bel uniforme ; il sera… gardien de prison ! dit Max d'un air moqueur. Tout le monde éclate de rire…

Le directeur s'approche alors et interrompt les amis :

– Je vois des enfants qui n'ont pas entendu la cloche sonner et s'ils ne se dépêchent pas, ils seront en retard et ils auront tous une punition ! »

2 Mise en scène

• Faire relire ce que disent Max, Alice, etc.

Faire repérer le connecteur de temps « Quand je serai grand » et faire rappeler que ces phrases sont écrites au futur.

• Écrire « Futur » en haut du tableau.

• Conduire et animer un petit jeu de rôle avec 5 enfants pour amener progressivement les élèves à utiliser les différents pronoms et formes verbales. Commencer par Max: « *Quand je serai grand, je serai président et j'aurai…* »

Faire écrire sur l'ardoise: « je serai » et « j'aurai » (par moitié de classe).

Relever les différentes propositions en montrant les ardoises à la classe.

Faire valider en éliminant d'abord les propositions phonétiquement incorrectes, puis en faisant chercher la bonne orthographe dans le texte.

Écrire au tableau les deux formes verbales corrigées.

• Reprendre le jeu de rôle et utiliser la même démarche.

– Alice dit: « *Je serai…, j'aurai…* »

– Max dit à Alice: « *Tu seras…, tu auras…* »

– Les jumeaux disent: « *Nous serons…, nous aurons…* »

– Max dit en parlant de Lulu: « *Il sera…, il aura…* »

– Le directeur dit en parlant des enfants: « *Ils seront…, il auront…* »

• Faire relire à haute voix la conjugaison complète des verbes *être* et *avoir*.

Demander aux élèves:

– de trouver l'infinitif des verbes et les écrire en haut du tableau;

– d'entourer en rouge l'ensemble des formes verbales et en bleu l'ensemble des pronoms sujets.

Afficher les colliers-figurines (verbe et pronom personnel).

• Faire relire sur les affiches de la classe la conjugaison du verbe *jouer* au futur.

• Faire remarquer que les terminaisons sont les mêmes: *-ai, -as, -a, -ons, -ez, -ont*. Les repasser en rouge.

Séance 2 : Construction de la notion

Objectifs:	– Élaborer un tableau de conjugaison de *être* et *avoir* au futur. – Mémoriser les formes de ces verbes au futur.
Organisation:	Travail de recherche en binôme et collectif puis travail collectif.
Matériel:	– Une photocopie par binôme des deux tableaux de conjugaison à compléter et des étiquettes. (Annexe 27) – Reproduction au tableau de ces deux tableaux à compléter. – Reproduction en grand des étiquettes-verbes.

ÊTRE au futur				**AVOIR** au futur		
Quand			adulte			une voiture.
Quand			adulte			une voiture.
Quand			adulte			une voiture.
Quand			adulte			une voiture.
Quand			adulte			une voiture.
Quand			adulte			une voiture.

verbes : aurai serai auras seras aura sera aurons serons aurez serez auront seront

pronoms personnels : je tu il / elle nous vous ils / elles j'

• Déroulement

1 Manipulations et recherches

• Procéder à un rappel de la séance précédente: faire relire sur l'affichage les verbes *avoir* et *être* au futur.

• Faire découper les étiquettes et faire compléter les tableaux en conjuguant les verbes *avoir* et *être* au futur. Si besoin est, faire la première ligne ensemble.

Laisser un temps de recherche suffisant.

Procéder à une correction collective en demandant aux élèves de venir écrire au tableau et d'entourer les terminaisons des verbes.

2 Synthèse et élaboration de la conjugaison

MÉMO

Le futur

Verbe *avoir* conjugué au futur	**Verbe *être* conjugué au futur**
J'aurai	Je serai
Tu auras	Tu seras
Il ou Elle aura	Il ou Elle sera
Nous aurons	Nous serons
Vous aurez	Vous serez
Ils ou Elles auront	Ils ou Elles seront

Séances 3 et 4 : Exercices de systématisation et court projet d'écriture

Objectifs:
- Mémoriser les notions essentielles.
- Réinvestir ses connaissances dans des exercices d'application.

Organisation: Travail individuel, correction individuelle ou collective.

Matériel:
- Photocopies de la fiche élève n° 27 (voir ).
- Cahier d'essai.

Compétences abordées

Ex. 1 : Savoir identifier des phrases au futur.

Ex. 2 : Savoir associer un sujet à une forme verbale conjuguée au futur.

Ex. 3 : Savoir trouver la forme verbale qui s'accorde avec le sujet.

Ex. 4 : Savoir trouver le pronom personnel qui s'accorde avec la forme verbale.

Ex. 5 : Savoir conjuguer les verbes *être* et *avoir* au futur dans une phrase.

Ex. 6 : Savoir transformer des phrases et effectuer l'accord sujet/verbe au futur.

Les verbes *être* et *avoir* au futur

Je m'entraîne

❶ Souligne les phrases au futur.

Ma sœur a eu huit ans hier. Tu auras neuf ans en juillet prochain.
À la rentrée, nous serons tous en CE2. Nous aurons un nouveau maître.
L'an dernier vous étiez en classe de neige, cette année vous êtes en classe de mer, et l'an prochain vous serez en classe patrimoine.

❷ Relie chaque sujet à son verbe conjugué au futur.

Je •	• auras un vélo neuf à Noël.
Camille •	• aurons une visite demain.
Mes parents •	• seront surpris.
Vous •	• aurez un nouveau voisin
Nous •	• serai fatiguée après la course.
Tu •	• sera récompensée.

❸ Choisis la forme du verbe qui convient et récris la phrase.

Mon père aurai / auras / aura bientôt quarante ans.

Dans quatre ans, nous seront / sera / serons au collège.

Je seras / sera / serai content quand j' aurez / aurai / auras terminé mon travail.

❹ Complète chaque phrase avec le pronom personnel qui convient.

.... seront invités.	.... serons étonnés.
.... aurez un livre neuf.	.... aura une nouvelle amie.
.... seras absente.	.... sera au Portugal.
.... aurai un chien.	.... serez heureux.

❺ Complète les phrases en conjuguant le verbe *être* ou *avoir* au futur.

Demain, nous................ mercredi : les élèves n'................ pas classe.

Dans onze ans j' .... dix-huit ans, je................ majeur.

Cet été mes amis................ en Espagne, ils................ du beau temps.

❻ Récris les phrases en les écrivant au futur.

Je suis content de vous revoir.

Nous étions fatigués.

Tu as chaud.

Tes amis ont un chat siamois.

J'écris

❼ Sur ton cahier, imagine la fin du texte.

Quand je serai président, j'aurai un avion privé.

Quand tu seras magicien, tu ....
Quand il ...., il..................................
Quand nous ...., nous ....
Quand vous ...., vous.......................
Quand ils ...., ils ....

Bibliographie

Publications officielles

- Nouveaux programmes parus dans le B.O. hors-série n° 3 du 19 juin 2008.
- Bentolila A., en collaboration avec Desmarchelier D. et Orsenna E., *Rapport de mission sur l'enseignement de la grammaire*, 29 novembre 2006.

Actes et ouvrages théoriques

- Actes de la journée de l'ONL, *Enseigner la lecture: orthographe et grammaire*, ONL, 2006.
- Dion J., Serpereau M., *Grammaire, conjugaison, orthographe, cycle 3*, Bordas, 2002.
- Mangenot F., « Situations de formation aux activités grammaticales à l'école: de la didactique des langues à celle du français », in Garcia-Debanc C., Confais J.-P. & Grandaty M. (éds.), *Enseigner la grammaire à l'école et au collège*, Paris, Delagrave & CRDP de Toulouse, 2002, pp. 365-378.
- Ros-Dupont M., Binisti P., *Observation réfléchie de la langue, cycle 3*, Nathan, « Les repères pédagogiques », 2006.
- Tomassone R., *Pour enseigner la grammaire*, Paris, Delagrave, 1996.

Pour s'entraîner

- Bellanger F., *Le Masculin et le féminin*, coll. « La grammaire amusante », Retz, 1995.
  Bellanger F., *Le Singulier et le pluriel*, coll. « La grammaire amusante », Retz, 1995.
  Bellanger F., *Le Passé, le présent et le futur*, coll. « La grammaire amusante », Retz, 1996.
  Bellanger F., *Le Sujet et le verbe*, coll. « La grammaire amusante », Retz, 1996.
- Bérillon P., *La Grammaire de Léa Paillepoutre*, Retz, 2006.
- Picot F., Popet A., *Maîtrise de la langue au CE1*, Retz, 2007.
- Rambaud P., *La Grammaire en s'amusant*, Grasset, 2007.